ALL OUR RELATIONS

FINDING THE PATH FORWARD

Tanya Talaga

私たちの進む道

植民地主義の陰と先住民族のトラウマを乗り越えるために

タニヤ・タラガ
村上佳代 訳

青 土 社

私たちの進む道

目次

ニミサン（姉）のドナ・ウォーレンに捧ぐ（一九六〇 - 二〇一五）

私たちの進む道

植民地主義の陰と先住民族のトラウマを乗り越えるために

今、もがき苦しんでいるあなたへ

われわれは犠牲者だ、と考え続けることもできるだろう。自分自身の中にある恐怖や至らなさ、失敗を正当化するために、植民地主義や寄宿学校、父権主義的な政府、過去の出来事に責任を転嫁することは簡単だ。

しかし、そうしないことも選択できるはずだ。つまり、犠牲者であり続けてもなんの役にも立たないとわかった時、私たちは未来を見始めることができる。

私たち民族に降りかかった過去の災いは否定しようがない。しかし、それは私たちが乗り越えようとしてきた過去であり、実際に私たちはそれを克服してきた。

個人として、そしてコミュニティとして、そして最終的には民族国家《ネイション》として、未来の可能性を閉ざすような考え方にとどまることは、もはや有益ではないことを肝に銘じよう。

マシュー・クーン・カム、クリー族協議会グランドチーフ（一九八七－一九九九、二〇〇九－二〇一七）
『自殺パンデミックに関する住民調査』報告書、ムシュケゴワック協議会（二〇一六）

しかし、この話を聞いていたら人生は違っていただろうと、この先何年も言い続けるのはやめてほしい。

今、もう聞いたのだから。

トーマス・キング
『物語の真実：ネイティブによる語り』ＣＢＣマッシー・レクチャー（二〇〇三年）

1章　私たちはずっとここにいる

二〇一七年の春、私はリッキー・ストラングを乗せて、オンタリオ州サンダーベイのメイ通りを運転していた。私たちは、マッキンタイア川沿いを複雑な気持ちで歩いてきたところだった。川はショッピングモールの周りを蛇行し、駐車場を過ぎ、陸橋のたもとへと通じる。共に、リッキーの弟レジーに思いを馳せていた。レジーの遺体が水中で発見されたのは二〇〇七年一一月一日。二〇〇〇年から二〇一一年の間にサンダーベイ市内の高校に通っていた際に亡くなった、七人の先住民の生徒の一人だ。リッキーが川の中で目を覚ましたのが二〇〇七年一〇月二六日、年子の弟が生きているのを最後に見た夜。リッキーはまだ一六歳だった。リッキーは、翌日、フライトの予定があるという。サンダーベイの北西六〇〇キロ以上離れた辺鄙な居留地の一つ、彼の故郷ポプラー・ヒル・ファースト・ネイションで、エイミー・オーウェンという名の少女の追悼式に出席するためだ。リッキーの静かな声が耳に届く。まだ幼いのに、自殺するなんて──。

二〇一七年一月八日の夜、エイミー・オーウェンは首都オタワにあるグループホームを飛び出し、通りの反対側の電車の線路へと走りだした。そこが一三歳の少女が死を覚悟した場所だ。ビーコン・ホームの責任者は、その晩、エイミーがそうするしかないと話していたと記憶している。彼女が壁や紙切れに書き残した言葉の数々。「出て行くしかない」「死にたい」というメッセージもあった。(1) エイミーが脱走した夜、一〇代の少女たちのための七つのベッドを有するこの保護施設では、彼女の行動に対応できるようスタッフは準備ができていた。エイミーの試みは、その日は成功しなかった。

同じ夜、一〇〇〇キロ以上離れた辺境の地、オンタリオ州北部のワペケカ・ファースト・ネイションの居留地で、エイミーの親友の一人、一二歳のジョリン・ウィンターが自ら命を絶った。

その二日後の一月一〇日、同じくワペケカで、サンドラ・フォックスが、足の痛み止めを貰うためにちょっと外出して帰ると、娘のシャンテル・フォックスが首をつっていた。彼女も一二歳でジョリンの親友でもあった。

それから三ヶ月も経たない間に、ついにエイミーまでが後を追ってしまった。

合計七人の少女たちが、ファースト・ネイションズ《先住民族国家》の居留地や故郷から遠く離れた都市部のグループホームや保護施設で、一年以内に命を落としていた。

アリーナ・ムース（一二歳）、カニーナ・スー・タートル（一五歳）、ジョリン・ウィンター（一二歳）、シャンテル・フォックス（一二歳）、エイミー・オーウェン（一三歳）、ジェネラ・ラウンドスカイ（一二歳）、ジーニー・グレース・ブラウン（一三歳）。

オンタリオ州南部の五大湖沿いに密集して建つ、キラキラと眩い高層ビルやコンドミニアム。そのはるかかなた、オンタリオ州北部の三分の二を占める広大な大地には、四九のファースト・ネイションズ《先住民族国家》の人々が暮らしている。その政治団体である、ニシナベ・アスキー・ネイション（Nishnawbe Aski Nation, NAN）は、子どもたちの死を止めようと必死の努力を続けていた。[2] この七人の少女たちは、ポプラー・ヒル・ファースト・ネイションとワペケカ・ファースト・ネイションの出身だった。共に人口が五〇〇人未満の小さなコミュニティだ。マニトバ州の境界から東はジェームズ湾、そして北はハドソン湾の浅い海岸までを覆う広大なNANの領土に、少女たちの死がもたらす苦悶が広がっていた。特に、ワペケカのチーフ、ブレナン・サナワップの孫のジョリンとシャンテルの死は、コミュニティに大きな打撃を加えた。そこに住む一〇代の若者のほぼ全員が自殺監視下に置かれた。都市部からは、カウンセラーや精神衛生の専門家がプロペラ機で支援に入り、動揺した子どもたちは自宅から遠く離れた南部の病院に移送され、そこで精神科医や医師の診察を受けた。悲嘆が、固い絆で結ばれた小さなコミュニティに重くのしかかってきた(3)。

七人の少女らの死を、「スーサイド・パクト《自殺協定》」と呼び、大掛かりに計画され、実行されたものだと指摘する声もある。しかし、元NANの副グランドチーフであったアナ・ベティ・アチニーピネシカムはこうした言い回しに憤りを感じている。彼女は別の見方をする。事態はそのようなものではない。そうした言い回しは問題の根本を覆い隠すだけだ—少女らが経験していたのは途方もない悲しみであり、その結果、それに対処することができずに亡くなったのだ。

「子どもたちは自殺について話したりはしない。理由もなくスーサイド・パクトなど話しあうわけがない。」とアナ・ベティは言う。「子どもたちは、トラウマについては互いに話していたのだろう。小さなコミュニティでは、トラウマから自分を隔離することはできないから(4)。」

こんな事態になるべきではなかった。二〇一七年の初夏、孫娘が亡くなる半年前に、チーフ・サナワップは、国内の全先住民族医療費を管轄する連邦行政のカナダ保健省に書簡を送り、緊急支援を求めていた。先住民族コミュニティの指導者たちは、若者たちがスーサイド・パクトを結んでいるのではと疑い、三七万六七〇六ドルの支援を要請した。その予算で四人の精神衛生チームを直ちに雇用し、自殺防止・介入プログラムの実施と健全な地域社会環境の構築を支援しようとしたのだ。[5] しかしその要請は拒否された。少女らの死が国内外でニュースになったことで、後に先住民族コミュニティはCBCを通じて驚愕の事実を知ることになる。予算申請が拒否されたのは、単に予算執行サイクル的に「悪いタイミング」との理由だったと言うのだ。[6]

先住民族コミュニティからの支援要請が無視されたのは、これが初めてではない。二〇一五年、オタワの連邦政府は、二二年間継続支援してきた「自殺サバイバー会議」への助成金を突然削減した。ワペケカで、一九八二年から一九九九年の間に一六人もの自殺者が出ていたにもかかわらず。[7] ワペケカと近隣のファースト・ネイションズの人々は、年に一度、伝統的な癒しの空間に集い、亡くなった人々を追悼し、その苦しみを共に乗り越えるための方策を話し合っていた。この会議は、喪失の体験に苦しむ遺族や、都市部で開催される欧米中心の医療会議に参加する経済的余力のない人々にとって大きな意味を持っていた。

二〇一七年一月一八日、NANグランドチーフのアルヴィン・フィドラーは、シャンテルとジョリンの葬儀への参列を終えた数日後、オンタリオ州サンダーベイで別の飛行機に乗り継ぎ、首都オタワへ飛んだ。連邦議会の記者会見場で、ワペケカ行政府代表でシャンテルの叔父でもあるジョシュア・フロッグ、スー・ルックアウト保健局のマイケル・カールー医師、ファースト・ネイションズ本会議のペリー・ベルガード議長、新民主党議員チャーリー・アンガス、ジェームズ湾の西側に点在するクリー・ネイションズを束ねるムシュケゴワック協議会のグランドチーフであるジョナサン・ソロモンと共に記者会見に臨んだ。同協議会の八つのコミュニティでは、二〇〇九年以降だけでも六〇〇件もの若者の自殺や自殺未遂が発生し、その被害や影響が限界に達していた。そのため、同協議会は二年間をかけ独自に『自殺パンデミックに関する住民調査』を実施していた。コミュニティからは三〇〇人近くが参加し、七七の個人的な調書が記録され、いくつかの勧告を含む最終報告書が二〇一六年一月に発表されていた。[8] しかし、ちょうどその一年後の記者会見の時までに、協議会は連邦政府から一切の返答を受けていなかった。

ムシュケゴワック報告書が発表された数週間後の二〇一六年二月、グランドチーフであるフィドラーはNAN地域に「緊急事態宣言」を発令した。子どもたちが、適切な看護と医療を受けられないために、予防可能な病気で命を落としていたのだ。二〇一四年五月、サンディ・レイク・ファースト・ネイション出身のブロディ・ミーキス（五歳）が、レンサ球菌咽頭炎で死亡した。正しい診断と抗生物質が処方されれば治る病気だ。[9] ブロディは二人の兄弟とサンディ・レイクの看護ステーションを訪れていた。全員、体調が悪いにもかかわらず、咽頭擦過検査を受けずに帰宅させられていた。代わりに、ヴィックス・ベポラップ〔胸に塗る鼻づまり改善薬〕を使用し、症状が続く場合は再診するよう指示された。しかし、家族は車を持っておらず、サンディ・レイクで唯一の患者搬送車も都合がつかず、再度診察を受けるために看護ステーションに戻ることができなかった。それでもブロディの父親が別の診療予約を取ろうとすると、少なくとも一週間以内には空きがないと言われた。その間にブロディの容体は悪化し、数日後、母親が看護ステーションに運び込んだ時には手遅れで、そこで息を引き取った。[10] ブロディは、NAN地域で治療可能な感染症であるレンサ球菌咽頭炎によって死亡した二番目の子どもだった。[11] ブロディの死で明らかになったのは、NAN地域の居留地には十分な医療支援が無いという現実だ。医師及びスタッフの不足、看護師の資格の問題、医療用品不足、そして水準以下の診療所インフラ。

NANは、緊急事態に対処するため、九〇日以内に実施すべき一連の指令の概要を政府に提示し要請していた。しかし、全ては無視された。

「命を落とした七つの羽根」の審問の際に出された、精神衛生に関する勧告にもカナダ政府の対応は同じだった。NANが管轄する先住民族のための高校に通う生徒—ジェスロ・アンダーソン、コラン・ストラング、ポール・パナチーズ、ロビン・ハーパー、レジー・ブッシー、カイル・モリソー、ジョーダン・ワバスは、二〇〇〇年から二〇一一年の間に、七人全員がサンダーベイの高校に通っている間に命を落とした。彼らの出身コミュニティには適切な高校が無く、子どもたちは教育を受けるために、両親やきょうだいと離れ、故郷から六〇〇キロも離れた都会で学校に通っていた。二〇一六年六月二八日に終了した審問の勧告の中で、具体的には三七番と三八番に自殺危機が取り上げられていた。勧告番号三七は、連邦及び州政府に対しNANと協力して青少年のための精神衛生計画を策定すること、勧告番号三八は、オンタリオ州に対し、居留地における精神衛生サービスを「一貫性のあるものに改善し、関係機関の調整を強化する」よう求めている。しかし、この二つの勧告も無視された。[12]

いい加減にしてくれ。アルヴィン・フィドラーの苛立ちは爆発寸前だった。アルヴィンには一〇代の娘が二人いる。彼の父親のモーゼス・フィドラーは一九二九年の条約第九号（現在のオンタリオ州北西部がカナダ政府に割譲された）に署名した人物だ。アルヴィンは、連邦政府が提示する指標や時代遅れの法律の範囲内で何とか事態を動かそうとするも、限界を感じていた。何年もの間、彼は政府の規則に従い適正ルートを通じて交渉を続けてきた。NAN自身も常に調査研究への資金提供や、報告書作成、さらに連邦政府への予算申請などあらゆる努力を続けてきた。先住民族コミュニティが、清潔で飲用可能な水、適切な下水処理、機能を果たしうる消防車や警察など、基本的な行政サービスを受けられるようにするためだ。しかし、実施には恐ろしいほど時間がかかった。それも、実施されればの話だが。政府が重い腰をあげるのは、ニュースで先住民の死が報道されたときだけだ。

アルヴィンが二〇一七年一月一九日に記者会見する前日、NANは、彼がジャスティン・トルドー首相に宛てた質問状を公開した。首相は、二〇一五年一二月の時点で、カナダと先住民族が結ぶべき「国家と国家の関係を更新」すると公言していた。「憲法が保障するカナダの先住民族の権利は不都合なものではなく、むしろ神聖な義務であることを理解している。[13]」とまで述べている。

アルヴィンの書簡は、NANコミュニティとカナダ政府の関係が根本的に崩壊している様を克明に記している。この質問状には、裁判所命令の不履行、審問による勧告の無視、そして先住民族・北部担当相が危機に直面する先住民族の要求を一貫して無視してきた案件についての、驚くべき数のリストが記されていた。これらはすべてトルドー政権発足からそれほど時間が経っていない時期のことだ。

「あなたが下院で認めたように、これらの悲劇はこの国の植民地政策の歴史的帰結です。過去一〇年間に及ぶカナダ政府の不履行、いや、実際には何世紀にも及ぶ先住民族との関係を修復する必要があります。」とアルヴィンは訴えた。「私たちは条約のパートナーです。しかし、このパートナーシップは時と共に変更されてきました。一方の都合による変更が増え、もう一方にだけ立法上の制約が課されているのです。」

「ファースト・ネイションズ《先住民族国家》は、連邦政府がコミュニティの悲劇をいつかは解決してくれるだろうと期待し、手をこまねいているわけではありません。しかし、私たちが置かれている法制度上の立場からは、あなた方の官僚制度に提案をし、プログラムの予算を申請することしかできないのです。そして、その提案が無視されれば、私たちの手は縛られ、われわれの子どもたちは不必要に死に続けることになるのです。(14)」

自殺の悲劇は、それが予防することができるからである。命が消えるたびに、誰かを助ける機会も失われてしまう。自殺問題の範囲は非常に広い。一九八六年から二〇一七年一二月までの間に、NAN地域では五五八人が自殺によって亡くなっている。人口わずか四万九〇〇〇人のコミュニティでだ。昨年、二〇一七年は最近としては最悪の三七人にのぼった。その多くが首をつっており、その大半が若い男性だった。自殺未遂の数はさらに多い。一九八六年以来、一〇歳から一四歳までの子どもたち八八人が自殺している。(15) この事態をどう理解すれば良いのか。

若者の自殺率が高いのは、NAN地域に限ったことではない。自殺防止センターによると、カナダ全土で自殺と自傷行為が、先住民の若者と大人（四四歳まで）の主な死因だと言う。一五歳から二四歳までのファースト・ネイションズの若者の自殺率は一〇万人当たり一二六人であり、非先住民の若者の一〇万人当たり二四人と比較して高い数値が報告されている。女性の場合も、非先住民の女性の自殺率が一〇万人あたり五人であるのに対し、先住民の女性の自殺率は一〇万人あたり三五人となっている。(16)

イヌイットの自殺はさらに深刻だ。サスカチュワン大学の地域保健・疫学の非常勤教授で、ヌナブット政府や、カナダのイヌイットの権利保護・推進のための全国組織であるイヌイット・タピリイト・カナタミの元自殺防止顧問のジャック・ヒックスは、過去一五年間のイヌイットの自殺率は全国平均の一〇倍だった、と言う。[17]

先住民族の若者の自殺はカナダだけの問題ではない。世界各地で、植民地化された国々に住む先住民族の間には悲惨な共通点がある。先住民族の子どもたちが、自らの手で命を絶っているのだ。先住民族の子どもや若者の自殺に関する国際的なデータはないが、植民地国家から収集できる限りの統計を見ればその類似性が指摘できる。第一に、自殺は先住民族社会では現代的な現象であること。カナダでは、イヌイットの人々が強制的に土地から引き離され町中に移住させられる前、そして先住民寄宿学校が設立される前は、自殺は非常にまれであった。この現象は、北欧のサーミ族、ブラジルやオーストラリアの先住民族にも見られる。これらの植民地化された国々では、先住民族の若者、とりわけ若い男性の自殺率は世界でも最も高くなっている。

サーミ族の約三人に一人が自殺を考えたり、自殺を試みたりしたことがあると、サーミ族出身の心理学者で、精神衛生と薬物乱用に関するサーミ・ノルウェー国家諮問委員会（the Sami Norwegian National Advisory Board on Mental Health and Substance Abuse, ＳＡＮＫＳ）のプロジェクト・マネージャーであるジョン・ピーター・ストールは言う。[18] アメリカ合衆国では、ネイティブ・アメリカンの自殺率は、全国平均の三倍から一〇倍もあるという。二〇一五年、サウスダコタ州のオグララ・スー・パイン・リッジ保留地では緊急事態宣言が出された。二〇一四年八月から二〇一五年四月までの七ヶ月間に、一四人の若者が自殺したためだ。[19] ブラジルのアマゾナス州にはブラジルの先住民族の土地の三〇%がある。同州の人口三五〇万人のうち、先住民人口は四・八％を占めるだけだが、先住民の自殺は全体の一九％を占める[20]。ブラジル南西部に位置する人口三万一〇〇〇人のコミュニティ、ゲラニ・カイオワでは、先住民の自殺率は非先住民の三四倍に達している。ほとんどが首吊りによる自殺で多くが若者だ[21]。

オーストラリア・アボリジニやトレス海峡諸島の先住民族の間でも自殺との闘いが続いている。アボリジニはオーストラリア本土とタスマニア島の先住民族だ。トレス海峡諸島の人々は、パプアニューギニアとクイーンズランド州のケープ・ヨーク半島の間に位置するトレス海峡諸島の先住民族だ。二〇一六年、オーストラリアでは一六二人の先住民が自らの命を絶った。非先住民の自殺率が一・七％であるのに対し、先住民の自殺率は五・五％である。二〇一二年から二〇一六年にかけて、意図的な自傷行為は一五歳から三四歳までの先住民の死因の第一位で、三五歳から四四歳までの先住民の死因の第二位だった[22]。

二〇〇六年に発表された画期的な研究「アボリジニとトレス海峡島民における自殺とその背景」の中で、アーネスト・ハンター医師とオーストラリア初のアボリジニ精神科医であるヘレン・ミルロイ医師は、かつてオーストラリアの先住民族コミュニティでは自傷行為は稀であったが、今日では普通のことになったと指摘する。子どもたちの多くが自殺または自殺関連行動に日常的に触れていると言うのだ。そして、彼らは初期の成長・発達段階で定期的に「自己消滅の脅威または行為」にさらされている第一世代になると言う[23]。

ここには、すべての被植民者に共通する歴史、語りがある。トラウマ、子ども時代に自殺行為にさらされる、差別的な法律や政策の歴史、精神文化的アイデンティティの欠如。ミルロイによると、これらすべての要因が複雑に相互作用するのに加え、さらに多くの個別の生活経験が作用するのだという。先住民族の人々にとって、その生活体験の根底にあるのは虐殺というリアリティである。すなわち「私たち民族を貫く虐殺の歴史。虐殺とは人種を意図的に絶滅させることだ。私たちを地球から永久に排除しようとする行為。これは世代間トラウマの概念とは大きく異なる。心理的、身体的、精神的、文化的に、より規模の大きなトラウマだ。また別のレベルのトラウマと言ってよい。」

先住民族の子どもや若者は、惨劇の歴史の下に生まれている。植民地化という歴史的不正義。民族の壊滅あるいは移住による土地からの強制的引き離し。政府の政策や宗教的教化による文化的虐殺。長年にわたる貧困、虐待、アイデンティティ抑圧から生じる世代間トラウマ。多くの場合は避難民となり、経済的・社会的・文化的にも排除され、それが薬物依存や暴力の引き金となる。多くの先住民族が、歴史的状況と国連の言う「現代の力学」の間で板挟みになっている。[24]

先住民族の子どもたちは、何世代にもわたって、基本的な健康決定要因が欠如したコミュニティで育つ。健康決定要因とは、所得や社会的地位、清潔な水や空気、安全な住居とコミュニティ、支援的な家族やその伝統へのつながり、基本的教育や医療サービスへのアクセスを言う。清潔な水があり、高い生活水準を誇り、教育制度や公衆衛生の面で世界の優等生であるカナダのような国でさえ、先住民族の子どもたちはその恩恵に浴さない。世界保健機関によると、人々の健康は、その社会的、政治的、環境的状況の直接的結果であるという。しかし、子どもは健康決定要因をコントロールできない。子どもはその社会的状況に生まれ落ちるしかない。[25]

先住民族社会では、植民地化の歴史が永続的に影響し、これらの健康決定要因をことごとく欠いている。そのことが、さらに、精神面、感情面、身体面でも過去とのつながりを断ち切ることに直結してしまう。先住民族を土地から切り離し、子どもを両親から引き離し、伝統文化や生活様式から引き裂いてきた歴史は、何世代にもわたって魂の不在を引き起こし、その結果、子どもたちが死にゆく世代を生み出しているのだ。私はこの本を通じて、過去の過ちを正すことについて考えたい。先住民族の子どもたちに与えられるべき権利を皆が認め、守ること。適切な医療を受ける権利、公平な教育、清潔な飲料水、安全な地域社会、暖かく安全な住まい。「おやすみ」の声に包まれて眠りにつく夜。自分がいったい何者で、どこから来たのか、その誇りを取り戻すことができるように。

われわれが何者なのかを理解するために、先住民族の一人ひとりが答えねばならぬ四つの問いがある。マニトバ州初の先住民出身の裁判官、そして二〇〇九年から二〇一五年にカナダ真実和解委員会の委員長を務めたマリー・シンクレア上院議員の言葉だ。その四つの問いとは―私はどこから来たのか？　私はどこへ行くのか？　私の役割は何か？　私は一体何者か？(26)

伝統的に、あらゆる先住民族は大地と深いつながりを持つ。彼らは、人間はより大きな生命の物語の一部であり、地球上のすべての生命の連続体の一部であると信じている。また、一人ひとりが、それぞれの役割を果たし、次世代のために土地を守る義務があると信じている。この地球に生まれた人間には目的があり、誰もが大地と結びついている。

作家で学者のトーマス・キングは、二〇〇三年の『物語の真実』と題するマッシー・レクチャーの中で、北米の入植者によって先住民族に押し付けられた植民地時代とポスト・コロニアルの語りを脱構築している。一四九二年にクリストファー・コロンブスが到着する前、現在、北米と呼ばれる「タートル・アイランド」の先住民は、おとなしい生き物で、母なる大地の「地上の楽園」を楽しむ「高貴な野蛮人」として描かれた[27]。先住民の男はふんどしを纏い、顔には鮮やかな色が施され、誰もが大家族で暮らしている。こうした、初期の探検家や植民者による記録が「高貴な野蛮人」像を強化してきた。当時の観察者の目が捉えたのは、茂みに住む無神論者、初期の西洋ユダヤ＝キリスト社会の基準からすれば完全な未開社会だった。

この未開の「自然人（natural man）」というイメージは、一七、八世紀のヨーロッパ啓蒙時代の知識人の間で確実に根をおろした[28]。一九世紀には、社会ダーウィニズム論が階級、人種、民族の階層化を正当化するために援用された。ビクトリア朝時代になると、帝国の重要性を高めるためにもこれらの理論が拡散された[29]。二〇世紀に早送りしてみると、こうした過去の誤解がすべてごちゃ混ぜにされ、羽飾りをつけ、馬に跨り大草原を駆け回るステレオタイプのイメージが作り上げられた。そのイメージはハリウッドによって固定化され、映画やテレビでは非先住民の俳優がそれを演じ続けた。伝えられるところによると、バート・レイノルズはかつらをつけて、ヨーロッパで人気の西部劇中でナバホ・ジョーを演じたという。映画の中で、彼は銀行強盗や部族を皆殺しにした殺人者を追い詰め、その額に戦斧を命中させて殺害したという。ジョニー・デップは「ローン・レンジャー」の白人ヒーローの相棒として、馴染みの友インディアンという役どころのトントを演じた。トム・ローリンは、合衆国陸軍特殊部隊グリーン・ベレーでベトナム戦争の退役軍人であり、武道の達人でもあるナバホ族の血を引くビリー・ジャックに関する脚本を多く書き、映画にも主演した。こうした人物描写に、真実の先住民を見つけることはない。全くリアルではなかったからだ。しかし、こうしたイメージは先住民族のリアリティの一部となってしまっている。

先住民族自身がこうした作られたアイデンティティに囚われてきたのは、植民地国家では先住民族による語りの記録がほぼ完全に欠落しているからでもある。例えばカナダでは、先住民寄宿学校制度の歴史は何世代にもわたって公教育カリキュラムから排除されてきた。カナダ人の大半が、先住民族が経験した親子の分離や強制的な同化政策の実態を知らずにきた。なぜ、知らなかったのだろう、という声をたくさん聞く。カナダ全土に一三九もの先住民寄宿学校があり、その建物中で一体何が起こっていたのか。推定でも六〇〇〇人もの先住民の子どもたちが、寄宿学校の中でひどい仕打ちを受け、虐待され、放置され、飢えによって死亡したと言われている。そして、子どもたちが学校を離れた後もトラウマを抱え続けている現実、そしてその影響が彼らの家族やその子ども世代にも受け継がれていったことを、多くの人が知らない。

トーマス・キングは、ヘイスラ族作家のイーデン・ロビンソン、キオワ族作家のN・スコット・モマデイ、オジブウェ族作家・画家のルビー・スリッパジャックなど現代の先住民作家の出現についての分析の中で、わずかな例外を除いて「現代の先住民作家は、作品の設定として過去を使うことにほとんど興味を示さず、代わりに彼らの創作の舞台を現在にすることを好む」と述べている。

私が思うに、先住民作家が発見し得たのは、北米の過去、それも小説や歴史として生み出されたもの、ラジオや劇場のスクリーンやテレビで見せられたもの、過去二〇〇年間すべての公教育カリキュラムに組み込まれてきたものだけなのだ。しかし、それは使い物にならない。なぜなら、それは先住民を止まった時間の中に閉じ込めただけでなく、私たちの過去すべてがそのように書き換えられたものだからだ。

現在がない。

未来もない。

そして、植民地社会で語られてきた過去を信じることは、死に向かうことを意味する。(30)

私たちはどこから来たのだろうか？

当然ながら、先住民族にも豊かな歴史がある。それは、一般的な教育や学術の世界で広く発表されたり議論されることがないだけで、しかし、歴史は常に存在していた。物語を次世代に伝える役割を担うのがエルダーだ。エルダーは、作法、儀礼、法にまつわる知識、つまり社会の文化、歴史、アイデンティティの核となる伝統の守り人である。エルダーは、私たちが何者であり、どこに行くべきかを思い出させてくれる。(31)

二〇〇六年、サドバリー大学のニューベリー講座としてジム・デュモン博士の講演があった。デュモンは、〝三つの火・ミドウィウィン・ロッジの東の入り口〟のチーフだ。ミドウィウィンとは、アニシナベ族のグランド・メディスン・ソサエティである。エルダーらによって構成される大評議会と考えてもらえばよい。そこでは、最も神聖な物語─生命がどのようにして生まれたか、そして、われわれがどのように行動し、生きるべきか─が記録され、アニシナベ族に代々伝えられてきた。

「私の本当の名、スピリット名は、オナービナセイ〔地面の上を歩く者の意〕」とデュモンは語り出した。聴衆に向かい、「私はもともとシュワナガ・ファースト・ネイションと呼ばれる場所〔ジョージア湾中央部のパリー海峡周辺〕出身のワゥビザァシィ・オドーダム〔テン氏族〕」だと告げた。これが彼の本当のアイデンティティだ。[32]

彼は学者として、そして教育者としての人生について語り続けた。一九六七年、デュモンはサドベリー大学の第一期の卒業生の一人となり、一九七〇年にトロント大学で修士号を取得。学術界でキャリアを積む代わりに、マニトゥーリン島に戻り自らの文化史と伝統を研究することにした。この時期に、J・W・エドワード・ニューベリー博士（先の講座は彼の名が冠されている）から話を持ちかけられている。[33] ニューベリーはカナダ合同教会の牧師で、一九六〇年から一九六七年までハンティントン大学の学長を務めた人物だ。その後、一九七〇年には、サドベリー大学に先住民族研究所を設立している。[34]

デュモンは、ニューベリー博士から学部で教えてもらえないかと依頼されたことを明かした。しかしデュモンはそれを断っている。自分がまだ先住民族の知識を十分に理解しているとは感じていなかったという理由で。ニューベリー博士はそれでも頼み続けた。四年が経ち、デュモンはようやく先住民族の文化と伝統を理解し、その知識を他者に伝えることができるだろうと感じた。その結果誕生したのが、サドベリー大学・先住民族研究学科だ。当時のカナダ国内、おそらく世界でも極めてユニークな学科だった。「先住民族研究学科が目指したのは、伝統や文化、私たち自身の方法論、私たち自身の歴史学、私たち自身の教育学、私たち自身の知の体系、私たち自身の精神性、そして私たち自身の言語学を、教育カリキュラムの核心に置くプログラムだった」とデュモンは回想する。しかし、彼は「西洋の教育機関として許される範囲のプログラム」だったとその限界も認めていた(35)。

「先住民族の知」と題されたこの講演で、デュモンは重要な問いを提示した。「私たちは本当にわれわれ先住民族の知を語っているだろうか、それとも、人類学者や民族学者の視点から私たち自身の伝統や文化を語ってはいないだろうか?」こうした視点は生涯にわたり彼の研究に貫かれている。西洋の価値観に干渉されることのない「先住民族の知」を定義し、構築し、実践すること。

「すべての中心にある原初となる概念は精霊《スピリット》である」と言う。「私という存在も実はこの世を歩いている精霊に過ぎない。それがアニシナベであるということです。」そこからデュモンは、彼の民族であるオジブウェ族について語り始めた。私の母と祖母の民族だ。オジブウェ族は、オダワ族、ポタワトミ族、オジ・クリー族、アルゴンキン族などを含めたアニシナベ民族の一つで、歴史的にはギチガミ(スペリオル湖)、及び周辺の五大湖地域に暮らしてきた民である。

デュモンが語り出す。「原初にあったのは闇。まだ光がなかったので闇だけでした。音を伝えるものも無い完全な沈黙。…何もなかったのではなく、まだ何も生まれていない時のことです。」彼は、創造主である精霊がどのようにしてこの無から生まれ、「無意識が意識になる」のかを解説する。精霊は自己の意識とは何であるかを確かめようと思い、「意識の種」を闇の中に投げ込んで、それが反射して返ってくるのを見てみようと考えた。すると闇の中に明るい痕跡が現れ、それが星になった。星空は創造主の意識によって創造され、形づくられた。そして地球が生まれ、その地球という星から創造主は人間をつくりだした。

その後、精霊が人間の心から輪を描くと天地万物が生まれた。この円環は先住民族の知性の基本概念であり、森羅万象の相互関連と、生命の循環の様子を示している。先住民族の世界観では、関係性こそが生命の本質である。地球から生まれた私たちは、地球につながっている。精霊から生まれた私たちは、精霊に、そして森羅万象につながっている。

これは西洋の世界観とは対照的である。ユダヤ＝キリスト教では、天地創造の物語の中で人間を最上位に位置づけている。この見解は、人間を究極の進化的偉業と見なす進化論によっても補強されている。西洋の思考はまた、円環的ではなく線形的な傾向を持ち、心理学や科学のレンズを通して、霊的なものより合理的なものが重視される。このような西洋的知の定義によって、先住民族の文化、伝統、歴史、知の体系は価値を貶められ、弱体化させられてきた。

トナカイの牧民でありオオカミハンターでもあるジョハン・トゥリが、一九一〇年出版の『トゥリのラップランドの書』を執筆しようと思ったのは、まさにこの問題―先住民族の知が西洋の世界観に凌駕されつつあること―の危機感を感じたからだ。トゥリは当時五〇歳前後で、サーミ語で世俗的な本を出版した最初のサーミ人作家である。一九〇四年に初めてトゥリに出会い、執筆を手伝うために彼と暮らしたデンマーク人翻訳者エミリー・デマント・ハットによれば、トゥリがサーミ族の生活様式についての知識のなさを次のように嘆いていたそうだ。「伝統的な知が失われることこそ、入植者による諸悪の根源で…このように事態が続けば、その先にあるのは、自分が属し、引き継いでいく民族の死と絶滅だろう。[36]」

何千年もの間、サーミ族はフィンランド、ノルウェー、スウェーデン、ロシアの北部地方に暮らしてきた。西洋社会では「ラップランド」として知られている地域だが、先住民族はこの地域をサーミ

（Sápmi）と呼ぶ。サーミ諸語（四ヶ国にまたがる九つの言語）を話し、トナカイの放牧を中心とする文化的、社会的、経済的なつながりの強い先住民族である。[37]

トゥリの本は次のような宣言から始まる。「私はラップ人で、[*]生涯ラップ人として生きてきました。ラップ人の暮らしのことは全て知っています。スウェーデン政府はできる限りの支援をしてくれると聞いていますが、私たちの生活や状況を正しく理解しているとは思えません。なぜなら、ラップ人の誰もそれを政府に説明できないからです。……ラップ人の生活や状況に関するすべてのことが書かれた本があれば、〈ラップ人の状況〉について人々が何度も質問しなくてもいいのではないかと考えたのです。[38]」

サーミ族の人々は太古から海辺でのどかな暮らしを営んでいた、とトゥリは言う。「ラップ人が他の場所からこの地にやって来たという話は聞いたことがない。かなり昔から彼らはここ、ラップランドにいた。」

魚や野生動物を獲って暮らしていた彼らは、やがてトナカイを追うようになった。トナカイの肉を食べ、ミルクや血を飲み、チーズを作ったりと、トナカイは彼らの生活の重要な部分を占めた。季節ごとに移動を繰り返すほどの「遊牧民」ではなかったが、冬には高山の尾根を旅し、晩春になるとトナカイの分娩を世話した。トナカイの乳を搾る様子、スキーでオオカミを狩る様子をトゥリは美しい文体で詳

＊ 第二次世界大戦の頃にはすでに使用すべきでないと考えられていたが、サーミ族を「ラップ人」と呼ぶ慣習は一九八〇年頃まで続いていた（現在では蔑称）。Neil Kent, *The Sámi Peoples of the North: A Social and Cultural History* (London: C. Hurst, 2014), 11, 19.

細に描写している。また、サーミの伝統的な暮らし、家族構成、子どもの世話と教育、治療薬、怪我や病気の治癒について注意深く解説している。

トナカイとサーミはずっと一緒だった、とトゥリは言い、北へ南へと共に移動してきたことを指摘する。トナカイもサーミも少し内気なのは、自然の大地から追い出されてしまったからだと言う。

サーミの生活についての彼の記述の中で、トゥリは何度も植民者とのやりとりに触れている。その多くが、政府の支援を受けて農業を確立しようとする入植者とのやりとりで、その数は増加の一途を辿っていた。彼は、政府の政策と入植者らとの小競り合いによって、サーミが伝統的な放牧地からどのように追いやられたかを説明している。「ノルウェーでは入植者が増えるにつれ、ラップ人への憎悪が強まりました。場所によっては、略奪や暴行が横行し、殺されることもあったのです。これまでもずっと放牧させてきた場所で、ラップ人がトナカイに草を食べさせているという理由でした。…今、ノルウェーのラップ人に対する法律は、鋭い目を持つ者であっても見えないほど、巧妙に作られたヴェールのようなものです。そしてそのヴェールは、すでに多くのラップ人にとっての脅威となってしまっています。」

その結果、サーミは最果ての地、人が住めないような環境に追いやられたと言う。「ラップ人以外は誰も住まないような荒涼とした丘陵地」で、サーミの人々は「迷惑な野良犬」のごとく扱われた。サーミ民族は無力だ、とトゥリは言う。入植者は彼らの社会に破壊をもたらした。トナカイなしでどうやって生きていけばよいのか。結婚もできず、子どももいない。未来がないと絶望するサーミの人々。

「ひどい苦痛が伴いました。身体は動かせなくなり、心は打ち砕かれました。サーミ族に起こった事態を考えれば、そうなることは理解できるでしょう。」と彼は言う。

当時のトゥリは、同時代のサーミからもサーミ以外の人々からも、物書きなど時間の無駄だと嘲笑されていた。しかし、民族の生活をありのままに記録することは彼にとっての長年の夢であり、「そうすれば、ラップ人が中傷され、常に間違っているとされるまで、人々があらゆるものをねじ曲げなくて済む」と考えたのだった。また、書籍の出版自体はサーミの人々にとっても役に立つだろうと考えた。彼らが自らの生活や境遇を省察できるように。その後、一〇ヶ国語に翻訳されたこの本は、嘆きの言葉を残すだけの作品ではない。その本を読めば、読者の中にはトゥリが描いた暮らしが再現される。トナカイと共に季節移動する世界最古の文化、その生き生きとしたニュアンスまでが再現される作品だ。

アボリジニによれば、現在インド洋と太平洋と呼ばれる海に囲まれた大陸こそが彼らの故郷だ。「私たちはずっとここにいました。」と、ヘレン・ミルロイが言う。

独自の社会秩序を持ち、大陸全土に拡散して生活を営んできたアボリジニは、大地から学んだ方法によって何万年にもわたり手入れをしながら農耕を営んできた。一七八八年、イギリス人らがシドニー湾に流刑地開発目的で到着したとき、探検家らは一人から五〇〇〇人単位の集落がそこら中にあり、五〇〇もの人数を収容できるほどの大きな住宅があったことを記録している。茅葺屋根の石造りの住居だったと言う[39]。

これらの集落のいくつかは、世界最古のものと考えられている。西オーストラリア州のホプキンス川で発見された貝塚の最新の分析からは、それが八万年前のものと推定される。最初の人類がアフリカ大陸を出たとされる一万年前だ[40]。

カナダでは、五〇〇〇年前にさかのぼる文化遺物が、オンタリオ湖の風光明媚な湖岸に沿って出土している。学者間で論争が続いているが、その当時、南北アメリカに暮らしていた先住民族人口は合わせて九〇〇〇万人だったという説もある。[41]

九〇〇〇万人の人々は、ロングハウス（longhouse）、ウィグワム（wigwam）、ティピ（tipi）など独特の住居を建て、集落や都市に暮らしていた。独自の慣習、法、統治制度、文化も有していた。南アメリカの北部には、天文図を作成し、その技術により建造されたピラミッドを中心に配した都市を建設した先住民族がいた。複雑な政治制度の確立こそが都市建設の肝であったと考えられる。そこには、道徳的規範、君主制、首領制度、さらにはヨーロッパで語られる以前からすでに民主主義があったという証拠さえある。[42]

紀元八〇〇年から一二〇〇年の間に、タートルアイランド〔北米大陸〕の東半分、現在はセントルイスとして知られている場所の近くに、ミシシッピ人がカホキア（Cahokia）と呼ばれる高度に発達した都市を建造している。およそ二万人もの人口を抱える都市文明だ。大陸で三番目に大きなピラミッドを中心とするカホキアは、リオ・グランデ川の北に位置する最大で最も発展した都市と言われている。当時の英国ロンドンと同等の大きさだったことが知られている。

カホキアとその周辺地域には、一二〇以上の人口盛り土ピラミッド、つまり塚があった。その約半数は五平方マイル四方の範囲内に建設されており、聖なる四つの方角と上下世界の世界観によってゾーニングされていた。ピラミッドは広場に囲まれ、その周辺に何千もの茅葺の住居や寺院、公共施設が配置されていた。[43] トウモロコシ畑に広がる複雑な農業用環状水路と輸送用の水路も作られていた。ミズーリ川、イリノイ川、ミシシッピ川が合流する場所に位置するこの都市は、大陸全土から多くの部族がやってくる一大貿易港でもあった。(44)

ブラジルでは、一〇〇万から五〇〇〇万人もの先住民族がアマゾン地域に暮らしていたと言われている。アクラ州では、幾何学模様など二〇〇点以上の「地上絵」が発見されている。中にはイリノイ州やインディアナ州を合わせたほどの大きさになるものもあり、その複雑な先住民族文明の存在がうかがえる。(45)

新世界には、すでに旧世界が存在したのだ。

このことをよく思い出すのは、私が自宅近くを車でドライブしている時だ。イースタン・アベニューとクイーン通り東を結ぶ通り、ビーチ地区のはずれにあるこの地区は、元々、ミササガ・ニュー・クレディット・ファースト・ネイションの伝統的な土地だった。現在のトロント市の大半は彼らの土地だった。ミササガという名前は、アニシナベ語のミササカス「複数の河口」に由来する。フランス人植民者がオジブウェ族をミササガと呼び、その名がそのまま残った。ミササガ族は伝統的に、オジブエ、オダワ、ポタワトミ族から構成される三つの火協議会と同盟関係にあった。三つの火協議会は、タートル・アイランド〔北米大陸〕で最も古い政治同盟の一つで、現在も存在している。(46)

この近隣区に住む人たち同様、私はこの道を数え切れないほど走っている。マクドナルドを通り過ぎ、アライアンス・アトランティック映画館とスイス・シャレーの裏を走ると、クイーン通り東沿いの酒店とペットショップが見える、半ブロックほどの近道だ。

二〇一八年の春、この道に〈キシゴ通り〉の名前がつけられた。アシュブリッジ湾近くに住んでいたオジブウェの一族にちなんで名付けられたのだ。ここは現在、トロントの巨大な下水処理場とカナダで最も高価な住宅地が隣接するビーチ地区だ。キシゴ一族はイギリス人がやって来るはるか昔からこの場所にいたのだが、トロントがヨーク市と呼ばれる以前から二〇一八年の四月まで、彼らが居住していたと言う痕跡も記録も完全に抹消されてきたのだった。一方、ペンシルバニア州からやって来たアシュブリッジ家がこの地に定住したのは一七九四年のことだ。約二世紀の間、一家はクイーン通り東沿いの敷地に屋敷を構え住んでいた。レンガ造りの住居は、歴史的建造物指定を受け特に状態よく保存されている。一家はまた、湖畔からダンフォース・アベニューまでの六〇〇エーカーの農地も与えられていた。[47]

このことを考えるたびに、マリー・シンクレアの言葉がこだまする。私はどこから来たのか、私の役割は何か。そして私は一体どちらの世界に属しているのだろうか？

私は二人の子どもを持つシングルマザーだ。父は誇り高きポーランド系カナダ人で、母はフォート・ウィリアム・ファースト・ネイションの人々が伝統的に暮らしていた森の中で育った。ちょうど、タートル・アイランドの分水嶺となる地点だ。母が育ったのは、水道もバスルームもない小屋で、土地こそ所有していなかったが、代々そこに暮らしていた。

母を育てた私の祖母は、先住民寄宿学校のサバイバーで、家の中ではアニシナベ語を話すことを禁止していたという。寄宿学校で全てのインディアンは汚いと教え込まれていたからだ。祖父がアニシナベ語で話したい時には、外に出て話したという。祖父は鉄道関係の仕事をしたり猟をして暮らしていたのだが、家族の伝えるところによると、寄宿学校からの脱走組だったという。小屋の近くには私が子どもの頃に遊んだティピがあった。床には柔らかいブラックベアの毛皮が敷き詰められており、いつも新鮮な魚が沢山あったことを覚えている。

母には、モーリス、ビル、アルヴィーの三人の兄弟がいた。彼らは皆、児童養護施設で育ったため、私たち家族はそのことを知らずにいた。母に兄弟がいたことを知ったのは、私が二〇代になってからだ。伯父に当たるモーリスが、私の祖母マーガレットに連絡を取ってきて、彼女が彼の母親なのかと尋ねてきたのがきっかけだった。勇敢で心優しいモーリス、エルビス・プレスリーそっくりの漆黒の髪をしたビルが、ようやく家に帰ってきたのだった。しかし、アルヴィーが戻ることはなかった。彼は、旅芸人の仕事を辞めた後、合衆国で亡くなったという。

母は私の姉になるデビーを一歳の時に養子に出していた。一〇代で母親になった彼女は、それが娘のためだと考えた末の決断だったのだろう。デビーは、名前をドナに変え、マニトバ州の家庭で育てられていた。姉の存在を知ったのは、私が二四歳か二五歳のころだったと思う。それ以降、彼女の笑い声を聞き、何千回も見てきた母と全く同じ笑顔を見るのが心からの喜びだった。しかし、それも長くは続かなかった。二〇一五年五月七日、姉は突然の心臓発作で亡くなってしまった。

私が育ったのは、都市部の大量生産された分譲住宅地で、母方の先祖の暮らしとは完全に切り離された世界だ。母は、寄宿学校制度やインディアン法の副産物でもあったが、常に次の世代のために失われたものを取り戻さなくてはといつも意識していた。

Aaniin. Boozhoo.（こんにちは。）
Tanya Talaga Ndishnikaaz.（私の名はタニヤ・タラガ。）
Aaniin ezhinikaazoyan?（あなたの名は?）

Aandi wenjibaayan?[48]（あなたはどこから来たのですか？）

あなたはどちらの世界に属しているのですか？

2章　強欲のビッグ・ブラザー

耳を澄ませ——。

エドマンド・メタタワビンが語り始めたら、耳を澄ませて聞いた方がいい。

エドは自作の筏の上に立っている。四×二〇メートルの巨大な筏が、オンタリオ北西部から流れ出しジェイムズ湾に注ぐ全長九八二キロに及ぶアルバニー川をゆっくりと下っていく。筏は、巨大な杉の丸太を太いロープでつなぎ合わせただけのものだ。その面積の約半分を占めるスペースに、木でできた小屋がのっている。小屋の中からは、くぐもった笑い声、皿のガチャガチャ鳴る音、できたてのバノックの甘い香りが漏れてくる。

私は、頭からつま先までハイテク生地で覆われた、どんな状況でも濡れないと宣伝されていた茶色のレインスーツを着て、彼の横に立っていた。しかし、都会で調達したこの高価なスーツも、アルバニー川が全力で巻き上る水しぶきには無力で、全身がびしょ濡れだ。

エドの茶色い建設現場用ジャケットに雨が打ちつける。小屋から漏れる光が彼のジャケットに縫い付けられたオレンジ色の安全テープに反射する。

エドが私の方を向いて叫ぶ。「ビッグ・ブラザーはいつも腹をすかしてるんだ。」

ビッグ・ブラザーは底知れぬ食欲、容赦のないほどの飢えのために、いつもグーグーと腹を鳴らしている。まるでどん欲な怪物だ。その大きな顎は動き続け、口はまるで巨大な製材所のように入ってくるものは何でも食い尽くす。

あまりにも腹が減っていたビッグ・ブラザーは、リトル・ブラザーを奴隷に変え、広大な荒野に行って食べ物を見つけてこいと言いつけた。そこでリトル・ブラザーは一人で北部の森にでかけ、北東の巨大な湾に流れ込む曲がりくねった川沿いを進んだ。うろこ状の赤い樹皮をつけたタマラックの木々。そして、川の縁に沿って吹く冷たい風に晒された背の高いクロトウヒの樹林を歩いた。歩きながら、リトル・ブラザーはそこら中のものを片っ端から切り倒し、大きな束にして集め、すきっ腹で待ち構えるビッグ・ブラザーの元へ持ち帰った。

リトル・ブラザーは木々を集めただけではなかった。彼は、黒い川から魚を取り尽くし、地球の奥深くからは金とダイヤモンドを盗んだ。

「強欲のビッグ・ブラザーは、食って、食って、食いまくるんだよ。」オイルスキンの帽子から水を滴らせながらエドが話を続ける。[1] エドは、ジェームズ・ベイ・クリー族のコミュニティ・リーダーだ。彼は先住民寄宿学校のサバイバーでもあり、皆が愛情を込めて「アルバニー・クルーズ」と呼ぶツアーを担当している。

エドは、両親から引き離され、寄宿学校に送られた一五万人の先住民族の子どもの一人だった。一八八〇年代半ばから一九九六年まで、カナダ全土には政府からの資金を受け教会が運営する寄宿学校が一三九校、オンタリオ州にはそのうちの一七校があった。寄宿学校の目的は、先住民族の子どもたちをキリスト教に改宗させ、家族、伝統、そして文化から隔離しカナダの生活様式に同化させることだった。

七歳の時、エドは家族から引き離され、ジェームズ湾岸にあるフォート・アルバニーの悪名高きセント・アン先住民寄宿学校に送られた。カトリックのオブレート会の尼僧によって運営されたその学校で、彼は恒常的に暴行を受け、スタッフの一人からは性的虐待も受けていた。彼を含む子どもたちは、空腹のまま床につき、子どもたちを罰するための手作り電気椅子の恐怖に怯えながら暮らしていた。セント・アンのサバイバーの証言によると、生徒は椅子に縛り付けられ、意識がなくなる直前まで電気ショックの体罰を与えられたという。(2)

セント・アンを卒業するころには、エドの人格は破壊されていた。故郷に帰ったところで、両親やきょうだいとも折り合いがつかず、クリー族の文化にも馴染めなかった。彼は家を出て西へと向かい、痛ましい思い出を忘れるために酒を飲み続けた。

しかし、エドは何とか自分を取り戻すことができた。彼はフォート・アルバニー・ファースト・ネイションの家族のもとへと戻った。ジェームス湾に流れ込む巨大なアルバニー川の南岸の地に帰って来ると、エドは儀式に参加するようになり、エルダーの元へ通い民族に伝わる教えを乞うた。大地につながることができるように、自分を取り戻したい一心で。

こうした経緯があり、七月とはいえまだ寒い空の下、エドはアルバニー・クルーズの案内役をしているのだった。小さな小屋の中では、フォート・アルバニー・ファースト・ネイション出身の一〇代の若者十数名が、キッチンテーブルの周りに身体を寄せ合って暖をとっていた。身体ばかり大きいが不器用な若者たちは皆、黒っぽい服を来て野球帽を被っていた。フォート・アルバニーで生まれ育ったのかもしれないが、魚を捌くことから、苔に覆われた柔らかな地面の上で眠ることまで、自然の中に入り伝統的な生活様式を学ぶのは今回が初めてなのだろう。「リトル・ブラザーはいつになったら立ちあがって「もう十分だ」と言うかな?」とエドが尋ねる。雨がエドの白髪混じりの長いポニーテールを伝い、背中のくぼみまで降りてきてはポタポタと滴り落ちる。そして、彼はリトル・ブラザーが道を誤ったのではと恐れていると言った。

南の方角に、かつては手付かずだった何マイルもの広大な原生林が、露天掘りの鉱山によって荒らされてきたのが見える。北半球の肺として知られているこの原生林は、大気中の二酸化炭素を吸収する巨大な「カーボンシンク」として機能している。(3) こうした原生林は、カナダからノルウェー、ロシアまで、北半球を横断して広がっている。

しかし今、開発の手はこの土地にも延びてきている。探鉱者たちは、岩盤下深くに隠された貴重なダイヤモンドや、ステンレス鋼製品を作る際に使われるクロム鉄鉱の鉱脈を採掘する。操業が止む日は無い。世界的な宝石供給会社デビアス社が所有するビクター・ダイヤモンド鉱山は、ダイヤモンド鉱床にアクセスするために、鉱山から七九〇〇万リットルから一億五〇〇〇万リットルの水を汲み上げる許可を取得している。余剰水はその後、アルバニー川の南を流れる全長七四八キロのアッタワピスカット川に放水される。エドによると、こうした水の移動は、脆弱な生態系を撹乱させるという。(4)

クリー族はこれらの川岸を移動しながら、はるか昔から、周辺の水や土地に手を入れながら大地を守ってきた。大蛇のようなアルバニー川は、資源の豊富な北部と、絶えず食糧を求めて肥大し続ける飢えた南部とを隔てるように流れる。ビッグ・ブラザーは、その産業を支え、広大な都市住宅地を開発し、消費社会向けの商品製造のために、リトル・ブラザーが持っているもの全てをよこせと迫る。
わかるか？　人間が地球にダメージを与えれば与えるほど、われわれ先住民族は衰え、破壊された大地と共に空洞化するんだ、とエドが言う。インディアンを大地から引き剥がし、彼らの言語、文化、思考様式、伝統的な生活様式から引き離せば、彼らの魂は崩壊し始める。ブルドーザーが湿原に突き刺さるたびに、その傷は広がる。

エドによると、あまりの苦しみに耐えかねて、森の中に消え、二度と戻ってこない者もいるという。自分で命を断つのだろう。しかし、そうした行為は先住民族の間では命のリズムを乱す良からぬ行為と考えられている。なぜなら、タートル・アイランドで生まれた人間は皆、それぞれに与えられた道があり、その人生を終わらせらるのは本人が選べるものではない、それは、創造主が決めることだから、と。

だから彼は、弟のマイク・メタタワビン（NANの元副グランドチーフ）と共に、一〇代の若者たちを筏に乗せ続けるのだ。兄のエド同様、マイクもセント・アン寄宿学校のサバイバーだ。彼は五歳のころから、忘れられない悪夢を見続けているという。夢の中で彼は他の少年たちと一緒に教会の中にいて、彼が目を上げると、そこにはイエスでなく、十字架に打ちつけられ悪魔になった自分の姿がある。

「その悪夢がトラウマになって、誰にも言えなかった。」とマイクは言う。「何度も自分に聞くんだ。俺が何をしたというのか？　何の罪を犯したというのか？　自分は悪い人間なのか？と。この悪夢が何十年も続いてね。」

エドとマイクは、彼らの世代の多くが過去の悲嘆の犠牲になり、薬物依存、暴力、自殺へと墜落し続けるのを見てきた。彼らには茫然自失となった空虚さがよくわかる。

しかしこの兄弟は生き残った。想像を絶する過去を乗り越えてきた。彼らはまだここに生きて、いる。だからこそ、次の世代の魂を癒すためには、若者たちに自分たちが何者であるかを伝えねばならないと考えているのだ。彼らがどこからやってきたのか。真の文化と通過儀礼の数々を伝えねば、と。

エルダーのサム・アチニーピネシカムと私は、このことについてよく話をする。大抵は、ティム・ホートンズのコーヒーショップで、いつものトリプル・トリプル（砂糖とクリームを三杯ずつ）をすすりながら。

サムはマーティン・フォールズ・ファースト・ネイションのオゴキ・ポスト出身のエルダーだ。彼はまた、三つの寄宿学校のサバイバーでもある。最初に送られたのは、オンタリオ州北西部のバーミリオン湾にあったマッキントッシュ先住民寄宿学校だ。一九六五年にマッキントッシュの寮が全焼したため、彼はセシリア・ジェフリー寄宿学校に送られた。そこには、いとこのチャーニー・ウェンジャックを含む親族の子どもたちがいた。当時一二歳だったチャーニーは、一〇月のある日曜日に学校から逃走し、オゴキの家まで一〇〇〇キロ近く歩いて帰ろうとした。しかし、チャーニーはオンタリオ州レディットの鉄道線路上で遺体となって発見された。チャーニーが辿った悲壮な出来事を知ったカナダのロックバンド、トラジカリー・ヒップのリーダー、ゴードン・ダウニーは、『秘密の道』と題した本とアルバム、コンサートツアーを通じて少年の人生を人々の記憶にとどめようとした。チャーニーの物語は、先住民寄宿学校に送られた一五万人もの子どもたちの物語のシンボルとなった。

サムが最後に過ごした寄宿学校は、エド・メタタワビンと弟のマイクが送られたフォート・アルバニーの、あの悪名高いセント・アン寄宿学校だ。

母の故郷であるサンダーベイに行くたびに、私はサムに電話を入れる。彼は私だけでなく、ニシナベ・アスキー・ネイション全体のエルダーとしても慕われる存在だ。彼は民族の言葉と物語の語り部であり、伝統儀式を受け継ぎ後世に伝え、助けを必要とする人々に手を差し伸べる。そして、ティム・ホートンズのトリプル・トリプルのラージサイズというわずかな対価で、彼はいつも智慧を授けてくれる。その日は四月の寒い日で、サムと私は、町のはずれの空港から通りを隔てて向かい側にある一九五〇年代のモーテル、エアレーンの駐車場でレンタカーの座席に座っていた。たしか、私の叔母コニーがかつてそこで働いていた場所だ。空は灰色で雪が降りそうな気配だった。その日の朝、サムが私たち民族と大地のつながりを永久に変えてしまった四つの出来事についての物語を話してくれた。ハドソン湾の南岸に位置するピーワヌックとしても知られるウィナスク・ファースト・ネイション出身のクリー族のエルダー、ルイ・バードから聞いた話だという。

「この地に最初にやってきたのは毛皮商人だった。彼らはわれわれ民族の大地との関わり方を変えてしまったんだ。私たちはね、必要以上のものを大地から取るようになってしまったのさ。」とサムは、コーヒーをすすりながら言う。「これまでにやったことのないことを、今はするようになってしまった。他の者が取る以上のものを取ろうと競い合うようになってしまった。以前は、必要な分だけを狩ってたのに。必要以上の獲物がとれた時は、他の人と分かち合っていたんだよ。分かち合うことは、より豊かな恵みを与えられると信じていたからね。」ホテルの中では、「秘密の道」と題された教育会議が開催されていた。コミュニティのメンバーたちが集まり、チャーニー・ウェンジャックの物語をオンタリオ州小学校課程のカリキュラムにどう取り入れるかを検討していた。サムの従姉妹でチャーニーの姉でもある学校長のデイジー・マンローに加え、彼女の娘で教師でもあるハリエット・ヴィジターも会議に出席していた。

「二番目にやってきたのが、宣教師たちだ。彼らは私たち民族と創造主との関係を、キリスト教の神に置き換えてしまった。」とサムが言う。「宣教師たちは聖書を持ってきて、彼らの信仰と神の概念をわれわれに押し付けてきた。神に対する理解が広がると、創造主との関係も変わってしまった。宣教師らが来る前は、わたしたちの信仰は一つだった。でも別の信仰が入ってくれば、信仰自体が希薄化し弱体化してしまう。」

「われわれ民族はあちこちに散らばって暮らしていたから、教会は布教活動を効率的に進めるために政府にかけ合ったんだろう。」とサムが続ける。「それで、インディアン法がつくられて、わたしたち民族は土地を追われて居留地に強制的に閉じ込められたんだ。それから、寄宿学校制度が導入された。今度は子どもたちを家族やコミュニティ、そして土地から引き離すのが目的だった。彼らは、すべてのものからわれわれを引き離した。そのおかげで、われわれは民族の知を伝える術を失った。親たちは子を育てるという役割を剥ぎ取られ、この世に存在する理由をすべて失ったんだ。こうして、われわれ民族の今がある。」

クリストファー・コロンブスがアメリカ大陸に上陸した翌年の一四九三年、ローマ教皇アレクサンドル六世は、「教皇の大勅書」と呼ばれる一連の勅令を発布し、スペイン帝国によるアメリカ大陸征服を正当化した。「発見の教義」として知られるこれらの勅令は「誰のものでもない土地」を意味するラテン語の terra nullius の概念に基づいている。[5]

「誰のものでもない土地」という言葉は興味深い。それ自体、複数の解釈が可能だ。先住民族にとって、その土地が誰のものでもないということは、その土地がすべての人間のものであることを意味する。この文脈では、土地を所有することはできない。土地は皆のものだからだ。こうした解釈は、先住民族の伝統的な生活様式に由来する。北米の平原インディアンが狩猟のためにバッファローを追い、スカンジナビアのサーミ族がトナカイの移動パターンにしたがって季節移住し、カナダ北部やグリーンランドのイヌイットがアザラシやクジラを仕留めるために犬ぞりで陸地や凍った海を渡るのはこうした理解による。先住民族にとって、人間の生活は自然の法に従うべきものなのだ。自然界は人間の生活に従ってはくれない。先住民族は、大地、水、地球上の森羅万象、つまり、すべてのつながりを神聖なものと考えている。大地から彼らを引き離すことは、彼らから霊魂《スピリット》を分離するに等しい。[6]

一方、ローマ・カトリック教会、領土拡大を競い合うスペイン、ポルトガル、オランダ、英国、フランスの帝国にとって、「誰のものでもない土地」は、この「発見」の時代においては、領土獲得と占領の対象でしかなかった。しかし、この解釈は二つの矛盾した内容を含んでいた。まず、帝国拡大の文脈では、先住民族の存在を、世界の政治秩序に影響を与えないよう法的に「存在せぬもの」にしなければならなかった。しかし、その一方で、世界の中でキリスト教支配を強化する教会の立場からは、先住民族の存在を認めざるを得なかったのだ。教皇の大勅書では、「カトリックの信仰とキリスト教をあまねく広め、魂の救済のためには野蛮な国家を解体し彼らに正しい信仰をもたらさねばならぬ」[7]と命じている。「発見の教義」は、教会と帝国の間の策謀として生まれ、先住民族の国々に多大な影響を与えながら進化していったのだ。

一八世紀から二〇世紀にかけて、帝国の時代が衰えを見せると、新たに台頭してきた国民国家が「発見の教義」を再解釈し実践し続けた。(8) アメリカ独立戦争開戦一年後の一七七六年七月四日、一三からなる植民地連合が英国からの独立を宣言し、アメリカ合衆国が誕生した。一七八三年に終戦を迎えると、英国と米国はパリ条約に調印し、米国を独立共和国と認めたが、アメリカ先住民族の主権については何の規定も存在しなかった。英国軍と共に戦った先住民族に約束されていた土地は、自分たちのものだと主張するアメリカ人に割譲され、オハイオ郡、ニューヨーク西部、ペンシルベニア、バージニア、ケンタッキーとなった。(9) 一六世紀から植民地帝国と共に戦ってきたアメリカ先住民は、それ以後も彼らの生存のための戦いを続けることになる。

北米の国家建設を目的とした領土の獲得と占領は、それぞれの先住民族国家との条約締結という形で合法化された。同時に、先住民らのキリスト教への改宗は、教会が運営する寄宿学校の設立を通して行われた。一七七八年から一八七一年の間に、米国議会は三七一の条約または法的拘束力のある協定を批准した。これらの条約によって、数百のアメリカン・インディアン・ネイションズが承認され、法的に定められた保留地と、条約締結双方の権利と責務の概要が明文化された。(10) 米国政府は、個々のアメリカン・インディアン国家、あるいはそれらの小さな連合や同盟と個別の土地取引を行った。いわゆる、「分裂させて征服せよ」という戦略であり、それによって新しい共和国を形成することに成功したのだった。(11)

国家が拡大し続ける中で、条約の不履行が横行し戦争が勃発した。一八三〇年五月二八日、アンドリュー・ジャクソン大統領は、ミシシッピ川以東に住んでいたすべてのアメリカン・インディアンを強制移住させる法的権利を大統領に与える「インディアン強制移住法」に署名した。ジャクソンは大統領になる前、一八一三年から一四年に勃発したクリーク戦争で、西部開拓者のために戦った軍事指導者として高く評価された人物だ。クリーク戦争は、アメリカ人の生活様式をどの程度取り入れるべきかをめぐる、マスコギー族（クリーク・インディアン）の内紛として始まった。[12] その後、米国がこの内紛に介入し、マスコギー族の伝統主義派であるレッド・スティックス戦士団と戦火を交えた。一年に及ぶ戦いはあまりに残忍で、ジャクソン自身が妻への手紙の中で「大虐殺は恐ろしいものだった。」と認めたほどだった。[13] 最終的にはマスコギー族の壊滅によって終結した。ジャクソン砦条約が調印され、米国に彼らの領土の半分（アラバマ州の半分とジョージア州南部の一部を占める二〇〇〇万エーカーの土地）が割譲された。[14]

強制移住に従うネイティブ・アメリカンがいた一方で、それに従わないチェロキー族のような部族もあった。しかし、チェロキー族も一八二九年に金が発見されると、ジョージア州から追放され、肥沃な土地に綿花のプランテーションを建設しようとする入植者たちからの継続的な嫌がらせを受けるようになる。そして一八三八年までには、強制移住に抵抗した人びとも強制的に退去させられ、西部に送られるか捕虜収容所に入れられた。現在「涙の旅路」として知られている歴史的な強制移住の道中、四〇〇〇人ものチェロキー族の民が、病気、野ざらし、飢餓によって死亡した。[15]

アメリカ南北戦争（一八六一―六五）の際、ウィリアム・テカムサ・シャーマン将軍が「われわれはさまざまなインディアン部族と一〇〇〇以上の条約を結んだが、その一つも遵守したことがない。[16]」と本性を露わに語ったことはよく知られている。皮肉なことに、この将軍の名は一八一二年の米英戦争の際、米国と戦うために英国と先住民族連合を結成したショーニー族の偉大なチーフ・テカムサに由来していた。シャーマンはまた鉄道や電信を敷設するために平原インディアンを一掃する任を負っていた。一八六二年、鉱山労働者が金を掘りあてたことで、スー族、キオワ族、コマンチ族の伝統的な狩猟場に入植者が殺到したが、彼らは再び土地からの追放に強く抵抗した。[17] そこで、一八六〇年代後半から一八七〇年代にかけて、シャーマンはバイソン五〇〇〇万頭の屠殺を命じた。[18] バッファローを根絶することとは、大平原に住むインディアンを根絶することを意味した。彼らの食料源、狩猟地、そして究極的には彼らの全ての生活様式を奪い取る、この暴力的な文化浄化によって、平原インディアンと大地とのつながりが断ち切られてしまった。一人の大佐がこう言っていたという。「バッファローを残らず殺せ！バッファローを一頭殺すたびに、インディアンも消え去るんだ。[19]」

一五四〇年から一九二四年までの間、先住民族国家は、まずは英国、植民者、合衆国、そして入植者たちと戦い続けてきた。歴史家はこの歴史を「アメリカン・インディアン戦争」と呼ぶ。ほぼ四世紀にわたり、この地の先住民族は覇権勢力と戦い続けてきた。

最も有名な抵抗運動の一つは、オレゴン州のワローワ峡谷を故国とするネズ・ペルス・ネイションのチーフ・ジョゼフが率いた戦いだろう。一八六〇年、再び金が発見されたことを発端に、何千人もの鉱山労働者がこの地域に押し寄せた。ネズ・ペルス族は、五〇〇〇平方マイルの領土を五〇〇〇から六〇〇〇平方マイルまで縮減せよという内容の条約を提示された。米国政府がラプワイ条約と呼ぶ取り決めは、ネズ・ペルス族にとっては「泥棒条約」に過ぎなかった。[20] 一八七三年、ユリシーズ・S・グラント大統領は、ワローワ渓谷をネズ・ペルス族に割り当てる新たな連邦法に署名したものの、二年後、連邦政府はその決定を覆している。そのため、一八七七年、チーフ・ジョセフは七〇〇人のネズ・ペルス族（うち戦士は二〇〇人に満たない）を率いて、政治亡命のためカナダまで一四〇〇マイルの道のりを北東へ進んだ。ネズ・ペルス族はその道中三ヶ月以上にわたり、二〇〇〇もの米軍兵士を相手に、四度の大規模な戦闘と数度の小規模な衝突を成功裏に戦ったのだが、モンタナ州のベアーズ・ポー山脈のカナダ国境からわずか四〇マイルのところで敗北した。[21] この行程は歴史上最も偉大な軍事的撤退の一つと考えられており、ウィリアム・テカムサ・シャーマン将軍でさえ「インディアンは、誰もが称賛するほどの強さと技術を発揮した。…彼らは、前衛・後衛、散兵線、野戦築場など、科学的技術と言い得る手段によって戦った。」と認めている。[22]

新聞などがチーフ・ジョセフの戦いを追って密着取材し、戦争の英雄と持ち上げた。ネズ・ペルス族の北部脱出を最終的に阻止したネルソン・A・マイルズ将軍は、チーフ・ジョセフを、世界最高の軍事指導者の一人、フランスのナポレオン・ボナパルト皇帝の名を取って「インディアンのナポレオン」と呼んだことで有名だ。[23]

戦いには敗れたものの、チーフ・ジョセフは、彼の民族がワローワ峡谷に戻れるよう請願し続けた。一八七九年に彼はワシントンに赴き、ラザフォード・ヘイズ大統領と会談し、外交官や閣僚、議会のメンバーを前にした演説で、入植者とネズ・ペル族の歴史をこう語った。「私たちはインディアン以外の人間がこの世にいることさえ知りませんでした。しかし、一〇〇年前の冬、白い顔をした人たちが私たちの国にやってきたのです。彼らは毛皮や皮と交換するために多くのものを持ってきました。[24]」

チーフ・ジョセフの語りが続く。一八〇五年、民族の中に二人の男と仲良くなった者がいたという。その白人らの名はメリウェザー・ルイス大尉とウィリアム・クラーク少尉。ルイスとクラークは、一八〇四年五月から一八〇六年九月にかけて、トーマス・ジェファーソン大統領の勅命により、太平洋ルート探索のために派遣され、アメリカ人として初めて西部の辺境を探検した人物だった。チーフ・ジョセフは、ルイスとクラークが彼らの仲間たちに家や農場を建てることを許可していたことも承知していた。当初、ネズ・ペルス族の人々はこれを気にすることもなかった。というのは、民族への対応も好感が持てたので、彼らは新参者とも平和裡に暮らせると思っていたからだ。しかし時とともにその関係は変容した。

毎年、われわれ民族への脅迫がひどくなっています。戦争には至らずにいますが。しかし、二年ほど前、ハワード将軍と名乗る人物がわれわれの国にやって来て、彼こそが彼の国の戦争責任者であると言い、さらにこう続けたのです。「私の背後には数多の兵士がおります。軍を率いて再び参りましょう。次回訪問の際には、白人に笑われないようにするつもりです。この国は合衆国政府のものであり、あなた方には保留地に移動してもらわねばなりません。」[25]

一八七九年にヘイズ大統領と会談した後、一八九七年にはウィリアム・マッキンリー大統領、一九〇三年にはセオドア・ルーズベルト大統領とも会談したチーフ・ジョセフは、一九〇四年九月二一日に六四歳で逝去。ニューヨーク・タイムズ紙は彼の死亡記事の中で、「彼の死は、すべてのインディアン部族の中でも最も誉高き人物として記憶されるだろう。……彼を知るすべての人々から最高の尊敬を受けた人物だった。」と記している。[26]

一八〇〇年代は、土地取得によりアメリカ合衆国が大規模拡張した世紀だった。一八五三年までに、現在の米国領土の二三・三%を占めるルイジアナ買収により国土を一気に拡大し、スペインからもテキサスとフロリダを買収、西への漸進としてオレゴン準州が誕生し、現在のカリフォルニア、ネバダ、ユタに加え、アリゾナ、コロラド、ニューメキシコの一部は、米墨戦争後に割譲された。[27] 一八〇〇年当時のハワイとアラスカを除く先住民族の人口は約六〇万人と推定されるが、一八九〇年までに、その数は二二万八〇〇〇人まで減少した。[28]

米国政府は一八七九年から、アメリカン・インディアン寄宿学校制度を導入した。生き残った先住民を米国社会に同化させるのが目的だ。政府が出資し、教会が運営する学校は、保留地の外に初めて設立された教育施設、ペンシルベニア州カーライルにあるカーライル・インディアン工業学校をモデルにしていた。リチャード・ヘンリー・プラット准将が設立した学校である。プラットは、インディアンは「白紙状態」で生まれ、彼らの文化や伝統的な家族から隔離してしまえば、アメリカ人としての人格が形成しうると信じていた。

「ある偉大な将軍はこう述べていました。良いインディアンは死んだ者だけだと。先住民族を撲滅すると彼が容認したことは、インディアン大虐殺を実現する大きな要因であったと思われます。」とプラットはいう。「ある意味で、私はこの意見に同意します。人種としてのインディアンを抹殺せよという意味で。つまり、人間の中にあるインディアンを抹殺し、その人間を救済すべきなのです。[29]」

幼い者では六歳から、先住民の子どもたちは保留地から連れ出され、家族からも引き離された。学校では、彼らは髪を切られ、名前を変えられ、母語を話すことも禁じられた。[30] 一九〇〇年までには全米で一五〇の寄宿学校が設立された。

カナダでは、ダンカン・キャンベル・スコットによって、悪名高きカナダ政府の先住民寄宿学校制度が構想された。彼は、一九一三年から一九三二年までインディアン省の教育長を務めた人物だ。

スコットが「インディアン問題」に集中して取り組んだのは、一八九五年、彼がインディアン省で事務次官代理を務めていた時期だ。その際、彼は法務大臣に対し、すべての先住民族の子どもを強制的に家族から引き離し、寄宿学校に入れることを許可するよう要請した。[31] 一九〇五年と一九〇六年の夏、スコットはカナダ自治領及びオンタリオ州から委任された三人の条約委員の一人として、条約第九号（カナダ政府がファースト・ネイションズ《先住民族国家》と締結した一一の地権条約の一つ）の条件交渉のために派遣された。問題の土地は現在、五大湖とジェームズ湾の間に広がる三三万八〇〇〇平方キロメートルの領土だ。その面積はフランスとほぼ同じで、オジブウェ、クリー、オジ・クリー族の伝統的な領土である。スコットは、条約委員のサミュエル・スチュワート、ダニエル・G・マクマーティン（オンタリオ州代表でもあった）と一緒にカヌーで北に向かい、先住民族と面会の上、彼らの土地をカナダ政府に引き渡すよう説得した。一九〇五年一一月六日付けのインディアン省事務次官へ宛てた手紙の中で、スコットは、「アルバニー川とムース川水系が流れ込む」二三万三〇〇〇平方キロメートルの広大な土地を求めて、オンタリオ州北部をカヌーで旅行する様子を克明に記している。また「条約では、アルバニー川とキーワティン地区、ハドソン湾に囲まれた北西部の領地の一部を、インディアンの狩猟地とし、その領地内に居留地を確保する。[32]」と述べている。一行は、一九〇五年六月下旬にオンタリオ州ディノーウィックを出発し、現在ミシュケゴーガマン・ファースト・ネイションが位置するオスナブルフまで北上し、アルバニー川流域の起点となるセント・ジョゼフ湖まで旅を続けた。旅の途中、一行はラック・スールを含め複数のファースト・ネイションズに立ち寄り、居留地で催されていた「踊りや儀式をやめさせようと試みた。[33]」という。

スコットの手紙には旅のルートが詳細に記録されており、先住民族コミュニティにはすでに大きな英国国教会やローマ・カトリック教会があったことが記されている。彼は、ムース・ファクトリーからフォート・アルバニー、フォート・ホープの地域で、オジブウェ語とクリー語の通訳者として活動した聖職者の影響についても述べている。この時期の宗教指導者の影響力はいくら強調してもしすぎることはない。現在もその影響力が維持されているコミュニティも少なくないからだ。先住民族コミュニティの中には、教会に加えてハドソン・ベイ・カンパニーの交易所があり、動物の毛皮が砂糖、小麦粉、やかんなどの商品と交換されていた。何世紀にもわたって、北部のオジブウェ族やクリー族はハドソン・ベイ・カンパニーと取引関係にあった。先住民族とこの会社との関係は条約に基づくものであり、先住民族らはそれを神聖なものと受け止めていた。スペリオル湖毛皮貿易の文書からは、オジブウェ族とクリー族が、必要な時には貿易相手からの支援を受けることを期待していたことがわかる。彼らは貿易商人をオジブウェ語で「リーダー」を意味するオギマーと呼んでいた。しかし、オギマーは先住民族にとって支配者を意味しない。オジブウェやクリー文化では、リーダーシップは権力ではなく「ケアリング（caring）」を意味する。二世紀ほど続いた毛皮取引の後も、条約締結国であるカナダ政府が、必要な時には先住民族を保護し助けることを期待した。[34] ところが、カナダ政府にはそのような意図は一切無く、ファースト・ネイションズ《先住民族国家》が裏切られたと完全に理解するには何十年もかかった。

一九世紀末までに、ハドソン・ベイ・カンパニーとの契約は減少した。一八八四年、スペリオル湖周辺のロビンソン＝スペリオル条約地域出身のチーフであったルイス・エスパノールは、次のように語っている。「カナダ太平洋鉄道の建設によって、パガマシン湖周辺の土地は白人の狩猟者に解放されてしまい、インディアンからビーバーを奪い取っている。（先住民族がビーバーを獲り尽くすことはあり得ず、必要数を残して慎重に種を保存してきた）そして、白人が全てを乱獲した結果、その地域にはビーバーが一匹もいなくなってしまった。[35]」。

条約委員が北部オンタリオに到着する頃には、アルバニー川上流の人々、ミシナイビ川とアビチビ川の源流近くから来た人々は皆、生活困窮状態に陥っていた。毛皮交易が崩壊しつつあったためだ。[36] 長年の悪天候からはなんとか回復しつつあったものの、はしかが地域を襲っていた。条約委員一行が北のさらに奥地で目にしたのは、先住民族の間に広がる飢餓と疫病の蔓延だった。

金、木材などの豊富な天然資源を有する広大な土地、河川流域を利用した水力発電開発の代わりに、条約第九号に調印したファースト・ネイションズ《先住民族国家》は年間四ドル（条約第三号のインディアンが受け取っていた金額より一ドル少ない）を受け取ることになっていた。また、条約委員たちはファースト・ネイションズと協力して彼らの居留地を決定すると伝えていた。[37] インディアンたちは、その居留地は白人から離れて自分たちだけで使える領土であり、従来どおり狩りや釣りをしたり、移動の自由があると理解していた。

「昔と同じように領土の制限もなく狩りや漁ができること、居留地は彼らの居住地とし、白人が干渉したり侵入することがないこと、その土地は永遠に彼ら部族のものとなることが説明されると、彼らは喜んでその状況を受け入れた。」と、最近発見された日記の中で、マクマーティンは述べている。(38)

条約第九号の細則を読み込めば、そこにかなり違うことが書かれていることがわかる。経済成長、ビジネス、入植は、いかなる先住民族の狩猟、漁ろう、土地の権利よりも優先されるとあるのだ。政府の目的は明白で、カナダ政府にファースト・ネイションズ《先住民族国家》の土地を「譲渡、解放、無条件で引き渡し降伏」させることだった。(39)マクマーティンの日記は、条約委員たちが最終的な合意書に記載された条約条項を事実を曲げて伝えたという先住民族の主張を裏付けている。(40)二〇一三年、ムシュゲコワック協議会のグランドチーフ、スタン・ルッティト（故人）が、カナダ政府とオンタリオ州政府を相手取り訴訟を起こした。両政府が、先住民族に対して口頭で説明した約束を守らず、条約条項を正確に説明しなかったと訴えた。同協議会は、「条約第九号の下では」政府が資源開発企業に開発を許可することで、ムシュゲコワックの人々の権利を「一方的に制限したり消滅させることはできない」と主張している。(41)

しかしながら、事実上、ファースト・ネイションズ《先住民族国家》は、民族が先祖代々暮らしてきた土地を、年間四ドルの補償金と引き換えに失ってしまっている。インフレ調整されることもない補償額だ。

先住民族のチーフたちは条約を誠実に受け取ったに違いない。彼らは、条約締結のプロセスは、互恵的関係を構築するものと信じていたのだ。先住民族側は、苦難や飢饉、過渡期における農業や経済活動への援助を得るために約束したのだ。条約は、相互尊重の合意であったはずだ。研究者のジョン・ロングが著書『条約第九号：一九〇五年、オンタリオ北部で締結された土地共有の協定』の中で次のように述べる。私たちは今、「全く異なる世界観を理解するために、行間を読む（あるいは「言葉の意味を超えて」読む）ことをしなければならない。[42]」

重要な点として指摘すべきは、条約に署名したすべての人が、先住民族の子どもたちは寄宿学校で適切なカナダの教育を受けることになると告げられたことである。先住民族の文化は、遅れた野蛮なものと見なされていた。カナダの先住民寄宿学校制度を運営していたキリスト教宣教師（連邦政府から資金援助を受ける）もまた、ポトラッチやサンダンス、婚姻儀式などの伝統的な慣習を禁止するキャンペーンを主導した。教会はまた、宣教活動に対しても政府からの支援を求めた。宣教師たちは、インディアンを善良なキリスト教徒や農民に変えることこそ救世の道だと信じ、連邦政府はインディアンがカナダ社会に同化すれば、もはや彼らに対する責任もなくなると考えていた。[43]

一九二〇年、ダンカン・キャンベル・スコットがインディアン省事務次官の職に上り詰めると、彼はインディアン法を改正し、七歳から一五歳までの先住民族の子どもに対して寄宿学校での就学を義務化した。[44]

インディアン法とは、カナダ連邦発足から九年後の一八七六年に初めて導入された連邦法で、土地管理から教育、文化的儀式、さらには身分やアイデンティティに至るまで、先住民族の生活のあらゆる側面を統治する、カナダと呼ばれる国に生きる全てのファースト・ネイションズ《先住民族国家》の住民登録だ。カナダ政府の厳格な基準に基づいて身分が証明されると、公式のインディアンとして認可されたことを示す一〇桁の数字が与えられ、登録される。この政策はまた、ファースト・ネイションズ《先住民族国家》の人々をカナダ政府が割り当てた居留地にのみ居住させ、子どもを家族やコミュニティから残酷に引き離し、全国に作られた一三九校の先住民寄宿学校に送ることを認可した。インディアン法はアパルトヘイト（人種隔離政策）の一形態であり、今日に至るまで先住民族の生を支配していると言われている。

一九二〇年、スコットがある連邦議会委員会の場で「私たちの目的は、インディアンを一人残らずカナダの政治体制に吸収するまで、政策を続けることです。」と語ったのはあまりにも有名だ。[45]

このようにして、スコットは差別と同化を組み合わせた抑圧のシステムを構築し、その実施を後押しした。その結果、一五万人近くのファースト・ネイションズ、メティ、イヌイットの子どもたちが寄宿学校に送られた。推定では六〇〇〇人の先住民族の子どもたちが、不当な扱い、虐待、ネグレクト、飢えなどの理由で死亡したと言われている。全て、教育という口実のもとに。[46]

カナダ政府による組織的な隔離政策と人種差別は、カナダの州境界を越えて極北のイヌイットが何千年ものあいだ暮らしてきた地域にも及んだ。イヌイット・ヌナンガットと呼ばれる地域だ。ヌナンガットとは、イヌイットの伝統文化空間を構成する土地、水、氷を意味する。カナダの陸地の三五％を占める広大な土地で、海岸線の五〇％が含まれる。この地域は、イヌイットが伝統的に暮らしてきた四つの地域―イヌヴィアルイット（ノースウエスト準州）、ヌナブト準州、ヌナビク（ケベック州北部）、ヌナツィアブト（ラブラドール州北部）に分けられる。[47]

イヌイットは何世代にもわたって季節ごとの暮らしを営んできた人々だ。地域による違いはあるが、季節は五つか六つに分けることができる。[48] オウヤァク（Auyarq）は太陽が降り注ぐ夏、時は無限に続き、人々は陸上や海上を旅する。ウキアックサァク（Ukiaksaaq）は秋の終わり。ウキアック（Ukiaq）は初冬で、大地が氷で覆われ始める。ウキウク（Ukiuq）は真冬で、日がだんだん短くなり夜が長くなる。ウピンガークサァク（Upingarqsaaq）は晩冬で、北極は二四時間の暗闇に包み込まれる。ウピンガーク（Upingaaq）は春、氷が溶け始め太陽の光が戻って来る。(49)

イヌイットは、これらの季節と北極圏の気候に適応することで、伝統的な文化と暮らしを発展させてきた。彼らは、動物の自然な移動パターンを利用して、アザラシやクジラを捕獲した。ヌナブトでは、早春はアザラシの子どもが産まれ、ホッキョクウサギが見られる季節だ。人々は狩猟と釣りに忙しい。春の終わり、六月頃は、ガチョウの巣作りの季節だ。人々はハマグリを採り、シロイルカやセイウチの狩猟に勤しむ。夏になると、イヌイットはカリブーの皮を鞣し、海遊するアークティックチャーを捕り、ベリーを摘む。秋はカリブー狩りの季節だ。そして、間も無くやって来る冬に備えて服を縫う。そこからは、ホッキョクグマが巣篭もりする長い冬。(50)

イヌイットは何千年もの間、冬の大地を横断する際に、キミット（qimmiit）と呼ばれるそりを引く犬を使ってきた。犬たちはイヌイットの生存に欠かせない存在だ。マイナス五〇度の吹雪の中でも帰り道を見つけることができるだけでなく、氷が薄くなっているポイントを感知し危険を警告することができる。彼らはまた、ホッキョクグマの狩りを手伝い、氷の中に開けられた呼吸孔からアザラシのにおいを嗅ぐことができる。そりを引く七、八匹の犬たちは家族の一員であり、そのように扱われた。人間と犬は、どちらも相手なしでは生き残れない世界で暮らしてきた。(51)

一九世紀後半、ヨーロッパで毛皮が流行したことで毛皮の需要が急増し、南部では動物の種が激減した。[52]ハドソン・ベイ・カンパニーの到来以前には、イヌイットやその祖先の人々がヨーロッパ人と接触する機会はほとんどなかった。西暦一一〇〇年から一三〇〇年の間には、スーリ人〔イヌイットの先祖〕がグリーンランドでバイキングと接触し、ノース人〔古代スカンジナビアの人々〕入植地を攻撃したと言われている。一五世紀までには、スーリ人がその領土を征服している。[53]一五七五年、イギリス人探検家マーティン・フロビシャーは、アジアへのより早いルートとなる北西航路を求めてバフィン島へと旅をした。ヨーロッパ系の人が冬期に北極に定住した初めての出来事と言われている。[54]その後、何百年もの間、多くの探検家たちが伝説的なアジア航路を求めてこの地域にやってきた。しかし、強大なハドソン・ベイ・カンパニーの到来ほど、極北イヌイットにとって破壊的な出来事はなかっただろう。南部のファースト・ネイションズやメティにとってそうであったように。

交易所の周辺に定住し始めるイヌイットも出てきた。利益の出る毛皮取引に従事する者もいれば、労働者として働く者もいた。毛皮交易の拡大により、宣教師や王立カナダ騎馬警察（the Royal Canadian Mounted Police、RCMP）もやってきた。南部からの入植者が増え町が作られると、イヌイットの生活様式も、動物の生態や季節に合わせて移動する大地での暮らしを離れて、移動のない都市生活へと急変した。先住民寄宿学校制度も導入された。次世代をカナダ社会に確実に同化させるためだ。同じ頃、冷戦が始まり、ソ連と米国が管轄権を主張するのを牽制するため、カナダ政府は北極圏の主権を強く主張した。政府はグリスフィヨルドのような小集落を意図的に開発し、人々を住まわせ、ソ連による陸・空・海からの侵攻を探知するレーダー基地ＤＥＷラインを建設した。

イヌイットはインディアン法の管轄下にはないが、カナダ政府は同じ戦術を使って北に暮らす人々を支配した。家族を町中に定住させ、子どもを寄宿学校に通わせるだけでなく、一九五〇年代から一九七〇年代には、ＲＣＭＰが町中にいる所有者が明確でない犬を処分した。何千頭もの犬が、白人入植者が持ち込んだ病気で死に、残りはまとめて殺処分された。イヌイットの文化では、一年のうちの一定期間や、成長の特定の段階で、犬は自由に歩き回ることが許されていたのだが、それが入植者の安全を脅かす「法的問題」と見なされたため処分されたのだった。イヌイットのエルダーたちは、犬ぞりを出発させようとしたところに警察が現れて、犬たちを銃殺していったことを覚えている。中には、彼らの前で笑った警察官もいたという。数多の犬が山積みされ、焼却されたという。[55]

一九世紀に米国でバイソンが大量虐殺されたことで、平原インディアンの伝統的な生活様式が崩壊したように、犬を殺すこともまた強力な征服行為だった。どちらも、先住民族の食料と経済の主要な源を絶つことによって、先住民族の大地に対する精神的つながりを象徴的に断ち切った。アメリカの先住民族の子どもたちのための寄宿学校を創設したリチャード・ヘンリー・プラットの言葉「インディアンを抹殺し、その人間を救済せよ」に等しい行為だった。

一九五〇年から一九七〇年の間に起こった事実には、二つの異なるバージョンがある。二〇〇五年、カナダ政府下院の先住民問題・北部開発常任委員会は、犬の大量殺害について目撃者証言を初めて聞いた。犬の大量死亡が、イヌイットの再定住の時期に起こったことが注目された。委員会は公的調査を要求するものの、連邦政府はそれを拒否している。その代わり、政府は連邦警察であるＲＣＭＰに対し、「犬の大規模虐殺」と知られるようになった事態について「包括的調査」を行うよう求めた。[56]

二〇〇六年、ＲＣＭＰが二六ページの報告書を発表、警察の対応に違法性なしと結論づけた。犬の大量殺害は完全に合法で、イヌイットに狩猟をやめさせ、定住地に住まわせるという明確な動機があったという類の「陰謀」説には与しないと主張した。これに対して、イヌイットは「相互に結びついた一連の政府政策や法律を、ＲＣＭＰという実力組織を使って実施したもので、その結果、伝統的なイヌイットの生活様式が急速に損なわれた。」と反論した。[57]

この報告書の結論、そしてイヌイットがこの二〇年の間受けてきた扱いに鑑み、キキクタニ（バフィン島地域の人々）を代表する組織であるキキクタニ・イヌイット協会が、イヌイット主導による独自の調査を行うことになり、キキクタニ真実委員会が立ち上がった。ＲＣＭＰ報告の元になったイヌイットから寄せられたという数百件の目撃証言の信頼性が低く不正確であると反論し、キキクタニ真実委員会による調査では、調査対象の拡大とともに、ＲＣＭＰとイヌイットの関係についても再調査することになった。

キキクタニ真実委員会は、ＲＣＭＰが北部地域で強い影響力を持つ理由として、単に警察として機能するのみならず、組織化された北部政府が存在しない中で、バフィン島地域における統治者としての役割を果たしていたことを指摘した。一九五〇年代に同化政策が導入・実施されると、ＲＣＭＰとイヌイットの関係は変化し始めた。子どもたちは家から連れ出され、寄宿学校に送られた。教会が設立され、親たちは恒久的なコミュニティで暮らすことを強いられた。この地域に軍事基地が設置されると、約一〇〇のイヌイットの自治グループが一三箇所の居留地に移動させられた。ＲＣＭＰはイヌイットの強制移住と政府による伝統的な土地の収奪に加担した。この頃、カナダ政府はイヌイットの伝統的な犬の扱いを禁止する「犬を尊重する条例」を改正している。[58]

コパ・マイクはRCMPが犬を連れ去ったときのことを覚えている。「警察は犬を射殺したんだよ。」と彼女は膝の上で手を握りしめながら言った。夫がそれを目撃したと彼女に話したという。「ある日、RCMPがやってきて犬を叩き始めたの。一匹は家の下に潜り込んだんだけど、警官はその犬を射殺したわ。逃れようもなかったのね。」

コパは、ヌナブト準州の州都イカルイトの町中にあるカマク（イヌイット語で「小屋」の意）と呼ばれる施設で話をしてくれた。バフィン島の南端に位置するイカルイト（魚の場所の意）は、人口約八〇〇〇人の町だ。カマクはエルダーたちの寄合所になっていて、二ドルで温かい食事が提供される。五月下旬、雪解けにはまだ早く、北極からの凍てつく風が衣服や髪についたほこりを吹き飛ばす。一九四〇年代に、米軍がこの地に基地を建設するため、住民らは内陸に強制移動させられた。最初に移動させられたのは、ハドソン・ベイ・カンパニーが一九四九年に交易拠点を開設した、海岸線からは数分のところのエイペックスだった。

イカルイトはコントラストのある都市だ。建物は明るい色をしている。壁面がファイバーグラスで覆われた学校は、青と白のレゴで作った宇宙船のようだ。英国国教会のセント・ジュード大聖堂は、まるで巨大な白いイグルーだ。建築資材は、長く厳しい冬に耐えうること、また、輸送が容易でなければならない。この地域の天候は、一貫した年間輸送が不可能だからだ。年間を通じてこの地にアクセスできるのは航空便だけだ。イカルイトの町はディーゼル燃料が全てだ。夏の間に大量に輸送され、ゴミ捨て場のそばで保管されている。二〇一四年五月、このゴミ捨て場で火災が発生し、町中からも巨大な噴煙が見えるほどだった。「ゴミ火山」と呼ばれる火災は、何ヶ月も続いた。「フォー・コーナー」と呼ばれるもっともにぎわう交差点には、ロイヤルバンク、政府庁舎、イヌイットの美術品や彫刻品を販売する土産物屋がある。イカルイトには信号はなく、一時停止の標識があるだけだ。ビールとワインを販売する店が二〇一七年九月にオープンし、いつも行列ができているという。町中には近代的な大病院があるが、精神衛生や薬物依存症治療センターなどは無い。

イカルイトの町はハッピー谷とツンドラ谷と呼ばれる二地区に分けられる。主要道路の一つは「この先何も無い道」と標識がある。確かに、その先にはツンドラの射撃場しかない。

住宅不足は深刻な問題である。政府機関に勤める人には公務員専用住居があるが、それ以外の住民の多くが住まいを探すのは困難な状況にある。大家族が一ベッドルーム、あるいは二ベッドルームのアパートで暮らすこともざらで、交代で睡眠をとることさえあるという。人口の約五二%が、連邦政府の基準では過密と判断される環境で暮らしている。住宅不足は家賃高騰につながり、イヌイットは子沢山でもあることから住宅需要が全く追いついていない。地域人口の約三三%が〇歳から一四歳の子ども、三四%が一五歳から三四歳である。年齢の中央値は二三歳、所得の中央値は二万三四八五ドルで、就業率は労働年齢層の四七・五%だ[59]。

コパは、一九五一年、ちょうど北部地域が転換期にあった頃、バフィン島の南端ケープ・ドーセット（イヌイット語ではキンゲイト）で生まれた。イヌイットはずっとこの地をシクシラックと呼んでいたのだが、一六三一年に、英国が第四代ドーセット伯爵、エドワード・サックヴィルの名をとって改名したという。

コパの両親は猛き狩人で、彼女と六人のきょうだいは伝統的な暮らしの中で育った。一九五六年に、イヌイットの定住地への強制移住が開始されると、両親は彼女を含めきょうだいを皆集め、犬ぞりで現在のイカルイトまで移動した。そこで、コパときょうだいは学校に行かなければならないと告げられた。親が自発的に子どもたちを寄宿学校に行かせなければ、警察が強制的に連れ出しただろう。親たちはまた、子どもたちが学校に通わなければ、様々な支払いに充てられていた月々受け取る子ども手当（「赤ちゃんボーナス」とも呼ばれた）も受け取れないと脅された。コパは、警察がキャンプ地にやってきて、子どもたちを連れ去るぞと脅されたことを覚えている。一九六〇年代半ば、彼女はハドソン湾岸にあったチャーチル職業センターに入学し、一四歳で最初の子どもを身ごもった。コパは学校に戻りたいと思ったが、ボーイフレンドは彼女に家で家族の世話をしてほしいと言ったらしい。

コパは、人々が制約だらけの都市生活に適応するにつれて、大きな文化的変化を目の当たりにした。犬たちがいなくなると、人々は親戚や友人を訪ねたり、狩りのために遠くまで行くことができなくなった。

「そこら中で犬が死んだよ。」とコパは言う。ＲＣＭＰは氷上で犬を射殺してはその場で焼却した。氷が解けると死骸は水の中に沈んだ。

自由を奪われて何もかも変わってしまった、と彼女は言った。人々は突然、無気力、魂の抜け殻のようになってしまった。コパには七人の子どもがいたが、まだ生きているのは四人だけだ。

彼女は三人の息子を自殺で亡くしている。末息子は一五歳で自らの命を絶った。アルコールや麻薬は、人間の感覚を麻痺させ、暴力や争い、盗みなどを引き起こす、と憤るコパ。そして、彼女は、今日のイヌイットの若者の間で民族の言葉が失われていることを悲嘆する。

「白人がイヌイットを支配するようになると状況はさらに悪化したよ。」と深いため息をつく。それは、二四時間太陽にさらされてカーテンが色褪せするようなものだ。「彼らが私たちの言葉を理解できなかった頃は、われわれをコントロールすることはできなかったのに。」

絶滅・隔離・同化政策は、世界中の先住民族の歴史の中で繰り返され、今日まで続いている。最も悲劇的な例の一つは、ブラジルの先住民族のケースだろう。

一九六九年、イギリス人の旅行作家でサンデー・タイムズ紙の記者でもあるノーマン・ルイスは、「大量虐殺《ジェノサイド》」と題した衝撃的かつ詳細な記事を発表した。これは一九五〇年代から一九六〇年代にかけて、ブラジルに存在した多くの先住民族がどのように絶滅に追いやられたのかを記録したものである。

ポルトガルの植民地建設は、クリストファー・コロンブスがカリブ海に到達してから五〇年以上が経過した一五四九年、ブラジルの植民地の総督としてトメ・デ・ソウザが派遣された事に始まる。当時、ポルトガルは周囲に拡大するスペイン植民地からの脅威に晒されていた。一四九四年、スペインとポルトガルは、ヨーロッパ以外の新世界の領土を二つの帝国に分割するトルデシリャス条約に署名している。両帝国は、カーボベルデ島の西約三七〇リーグ〔約一八〇〇キロメートル〕の地点で、北極から南極へと国境線を引き、西側の土地はスペイン帝国に、東側の土地はポルトガルの領土とした。(60)

一五〇〇年、ポルトガル国王の命を受けたペドロ・アルバレス・カブラルは大遠征軍を組織し、インドを目指して出航した。一行はアフリカ南部へ航行するための風を捉えるつもりだったのだが、大西洋で航路をそれてしまった。一五〇〇年四月、島影が見えた。南米大陸だった。(61)

船に乗り込んでいたペロ・ヴァズ・デ・カミーニャが探検隊の上陸について詳しく記録を残している。先住民族に対するカミーニャの最初の印象は、その後、フランスの啓蒙哲学者ヴォルテールを触発し、彼の「高貴な野蛮人」論へとつながった。[62]

「彼らはまさに無垢な人々です。もし私たちが彼らの言葉を理解し、彼らもわれわれの言葉を理解することができれば、彼らはすぐにでもキリスト教徒になれるでしょう。見るところによると、信仰というものについては理解していないようです。」とカミーニャは記している。「ここにいる人々は善良で、純真そのもの。神が、良き人間であるように、健全な身体と清らかな顔とを彼らにお与えになったからでしょう。[63]」当時、ポルトガル人はこの新大陸をそれほど高く評価していなかったようだ。牛、山羊、羊もいなければ、先住民族の主食といえば、根菜のキャッサバだけだ。金やダイヤモンドのような鉱石も見当たらなければ、都市も無い。一五〇〇年五月初め、遠征軍一行は、船に水を搭載し、一部はインド探索に向け出発、別の船は国王への手紙を持ってカミーニャからポルトガルへと帰路についた。[64]

ソウザは、一二〇〇人の男女（入植者、兵士、イエズス会の六人の若い司祭）と共に到着した。海岸沿いには、一ダースほどのカピタニア〔ポルトガルの植民地の行政区画〕が開拓された。[65] この植民地はカリブ海諸島とともに、スペインとポルトガル帝国のプランテーション経済として開発された。ブラジルでは、サトウキビが主要商品だった。これらの農園は、先住民族とアフリカからの奴隷労働で運営されていた。

ノーマン・ルイスは、これをブラジルの先住民族に対する野蛮で残虐な行為の長い歴史の始まりと位置づけている。

誰も想像しえなかったような巨大な経済力によって、入植者らは奴隷売買者や暗殺者へと変貌していった。原住民が潔く差し出したものを、侵入者たちは貪欲に奪い取り、取るものがなくなると、原住民を奴隷にするか殺害し始めた。四〇〇年後に［フランス人人類学者］クロード・レヴィ＝ストロースが「多くの無垢な人間性に影響を及ぼした、西洋文明が生み出した巨大で無際限な破壊力」と表現したものに、アメリカ大陸が圧倒されようとしていた。(66)

結核、はしか、インフルエンザの流行によって、先住民族は壊滅状態となった。性病や目の病気の苦しみに加え、「焼き討ち、皮剥ぎ、割腹、切断」による大規模な拷問や虐殺が横行した。プランテーションでの奴隷労働から逃れた人々の多くは、保留地の中でイエズス会の支配下に置かれた。ルイスはこれを「宗教的な強制収容所」と呼ぶ。初期のヨーロッパ人探検家の記録によると、彼らが最初に到着した時代には、大陸の人口はかなりの数だったようだ。歴史家は、当時の南米の先住民族人口は三〇〇〇万から六〇〇〇万人と推定している。二〇世紀初頭までに、その人口も約一〇〇〇万人にまで減少したと推定される。(67)

しかし、ルイスが記事で告発したのは、一九五〇年代と一九六〇年代におけるブラジル先住民の大量虐殺の実態だった。きっかけは、ゴムブームだった。世界市場におけるゴム商品への需要が高まり、プランテーションを設立するために大規模な土地収奪が行われた結果、先住民族は絶滅あるいは奴隷化された。これらの残虐行為は、ブラジル政府のインディアン保護庁の役人と内部に通じる腐敗した政治家

の暗黙の合意、あるいは後ろ盾によって実施されていたというのだ。(68)

その大量虐殺は、初期の入植者とサトウキビ・プランテーション設立時を思い起こさせた。先住民族の男も女も、そして子どもたちまでが拷問を受け、強姦され、虐殺された。ルイスは、ブラジル北西部のマトグロッソ州とアマゾナス州を流れるアリプアニャ川の上流に暮らしていたシンタ・ラーガ族のエピソードを生々しく描写している。マトグロッソ州の議会が連邦政府から土地の所有・売却の管理を引き継ぐと、ゴム採集業者と鉱物採掘業者の間で貴重な土地を巡って争奪戦となった。ゴム会社アルーダ＆ヤンケィロの総支配人であり、悪名高きサディストでもあったフランシスコ・デ・ブリトの指揮の下、アリプアニャ川上流付近を一掃するため、ゴム採集者らが送り込まれた。彼らはセスナ機にダイナマイトを積み込み、村に投下した。その下にいた毎年恒例の伝統的な先祖供養の儀式クアルップの準備に忙しい人々が犠牲となった。

襲撃から生き残った人々がアリプアニャ川上流に新たな拠点を作り始めたのが目撃されると、ブリトの部下であるチコという名の男が率いるグループが川を上って行き、熱帯雨林をなぎ倒していった。チコのグループにいた男の一人は、銃とマチェーテ〔長刀のなた〕で、男も女もそして子どもたちが殺害されていく様子を恐ろしいほど詳細に説明した。村は焼かれ、死体は川に投げ捨てられた。こうしたエピソードは決して珍しいものではない。

ブラジルの先住民族は今日もなお攻撃を受け続けている。北西部に暮らすグァラニ族は、暴力、迫害、政治的暗殺、土地からの強制退去の脅威にさらされる毎日を生きている。

グァラニ族最大のコミュニティはカイオワ（Kaiowá、森の人の意味）である。精霊信仰をもつ彼らは、何千年もの間、先祖の教えである痛みや苦しみのない永遠の楽園「悪しきことなき国」を探し求めてきた。[69] しかし、その願いは絶望的だ。ポルトガル人の到着後、グァラニ族は感染症や病気、奴隷化、そして虐殺の苦難に直面してきた。

過去一世紀の間に、バイオ燃料、大豆、コーヒーのプランテーション、鉱物採掘、牛の放牧のために、広大なアマゾン熱帯雨林が破壊されてきた。グァラニ族はかつて、マトグロッソ・ド・スル州（一九七〇年代にマトグロッソ州が分割され形成）の三五万キロメートル以上に広がる地域に分散して生活していたが、現在、政府が指定した小さな保護区に暮らしている。三〇平方キロメートルほどのドラドス保護区には、現在、一万二〇〇〇人が住む。[70]

二〇〇七年一一月、先住民族の土地の権利に関する政府の方針転換があった。ブラジル先住民族問題の担当部局である国立先住民保護財団が、法務省、検察庁、二三人の先住民族指導者とともに修正要件に署名している。これにより、ブラジル政府は三六のグァラニ族の土地を特定し、それを含めた七地域の境界を定めるという。そして、これらの地域は二〇一〇年四月に先住民族コミュニティに返還されることとなっていた。[71] しかし、それが実現することはなかった。グァラニ族は、先祖からの土地に戻ることができないどころか、法廷闘争、武装集団による抵抗や残忍な暴力に直面した。先住民族のための宣教協議会の報告によると、二〇一四年、マトグロッソ・ド・スル州内で四〇人の先住民殺害があったという。[72] また、多くの人々が道路脇で私物を木にぶら下げて暮らすなど劣悪な住環境に置かれているという。[73]

ブラジルの先住民に起こっていることは、まさに人権に対する緊急事態である。現在進行中の事態は、ブラジルの憲法第二三一条にある「インディオは、その社会的組織、慣習、言語、信仰及び伝統、また、彼らの伝統的な占拠地に対する始原的権利が認められる。それらを区分し、保護し、彼らの資産が尊重されるようにするのが連邦政府の義務である。[74]」に反しており、国際法や国際条約への違反でもある。

二〇一五年八月二九日、二四歳のグァラニ族のリーダー、セマイヨ・ヴィハルバが領地内の埃っぽい路上で顔を撃たれた。彼は幼い息子を探していたという。[75] 彼の死後すぐに撮影された画像からは、彼が地面に顔を伏せて頭から血を流しているのがわかる。ヴィハルバへの攻撃は、彼とグァラニ族の人々が先祖代々の土地の一部を占拠してからわずか一週間後に起こった。彼らは現在、銃を持った男を雇った牧場主を非難し、銃撃は政府の人間もいた中で起きたと主張している。[76]

過去数年間で、マトグロッソ・ド・スル州で殺害された先住民指導者はヴィハルバで三人目だ。二〇〇三年、タクァラ族の先祖伝来の地を取り戻す運動を率いていたマルコス・ベロンが亡くなった。銃撃され殴り殺されたのだ。この殺害事件で起訴された者はいない。二〇一一年一一月には、奪還した土地に戻っていたニツィオ・ゴメスが死亡。彼の遺体は未だ見つかっていない。[77]

ヴィハルバが殺害された後、グァラニ族のエルダーであるトニシオ・ベニテスがBBCに次のように語っている。「これは意図的な大量虐殺政策だ。長期的に計画された法的プロセスは、ゆっくりと、しかし確実に実施されている。私たちの権利は侵害されており、生き残るための基本的な条件さえ持ち得ない。だから、占拠して土地を奪還するしかないのだ。そうしなければ、人間として生き残ることもできない。[78]」

二〇〇五年、ブラジルの大統領ルイス・イナシオ・ルーラ・ダ・シルバは、ナンデル・マランガトゥ地域の大部分をグァラニ族に返還する協定を批准した。協定への批准は、土地承認前の最終段階を意味する。[79] しかし、その土地がグァラニ族に返還されることはなかった。牧場主らが最高裁に上告し同年に勝訴したため、事実上、土地譲渡を中止せざるを得なかったのだ。一二月一五日、ブラジル軍人の支援を受けた武装集団がグァラニ族をその土地から退去させた。

人権団体サバイバル・インターナショナルが国連に提出した報告書の中で、立ち退きについて生存者の一人の証言を次のように述べている。

ヘリコプターが上空低く飛んでいた。子どもたちは泣き叫んでいた。三人が倒れて病院に運ばれた。皆、泣きながら、焼け付くような日差しの中、何もない道の脇に立ち尽くしていた。食べるものが何もなかった。警察がいない間に、牧場主たちがわれわれの食料や衣服、書類をすべて燃やした。奴らは一五軒の家を焼き払った。残ったのは、身につけていた服だけだ。[80]

半年の間、沿道に住んでいたニャンデル・マランガトゥ族は、ようやく土地使用契約に含まれていた一〇〇ヘクタールの土地に戻ることを許可された。しかし、これは当初示された九三〇〇ヘクタールのほんの一部にすぎない。[81]

一方、カナダのメティも一八八五年のノースウエスト反乱の後、沿道での生活を強いられた人々だ。フランスの毛皮商人と先住民族の誇り高き子孫であるメティは、独自の言語、文化、音楽、ダンス、旗を持ち、主にカナダ西部に暮らす独立した国家である。ハドソン・ベイ・カンパニーが所有していたルパート・ランド〔ハドソン湾に注ぐすべての河川の流域を含む三九〇万平方㎞の広大な土地〕をカナダ政府に売却した際、その土地に住んでいたメティには何の補償もなかった。住む場所を失ったメティに残された場所はロード・アラウアンス〔道路建設などの目的のために確保された公有地〕だけで、丘の斜面などの未利用の国有地や、ファースト・ネイションズの居留地の周縁部、町のはずれや森の中で暮らすことを余儀なくされた。そのため、彼らは「不法占拠者」あるいは「ロード・アラウアンス・ピープル」として知られるようになった。[82] 今もなお、メティはステータス・インディアンとしての権利を否定され、独自の土地や領土も認められていない。

ブラジルで今なお続くインディオのリーダーの殺害、劣悪な生活環境、農園や牧場での奴隷化の結果、グァラニ族の若者は、薬物依存の問題や刑務所への過剰収容に苦しんでいる。彼らの自殺率は南米でも最も高い部類に入る。

マトグロッソ・ド・スル州検察庁に勤務するブラジル人職員、マルコス・ホメロ・フェレィラ・リマは、状況は緊急対策を必要とするレベル、と語る。

大量虐殺《ジェノサイド》は決して誇張などではない。一九九〇年代後半に始まる、この民族に対する一連の事件や行為は、彼らを物理的、文化的、精神的に抹消しようとしている。子ども、若者、大人、そして高齢者は、人間の尊厳を直接傷つけるような下劣な経験にさらされている。[83]

二〇一五年一一月五日、アムネスティ・インターナショナルはブラジルのジルマ・ルセフ大統領に宛てて「先住民族グァラニ・カイオワの人々が尊厳を持って生活を営み、精神的・文化的慣習に従事できるよう、彼らの土地を区画化し、引き渡すことが不可欠である。[84]」との公開書簡を送った。この書簡には、グァラニ・カイオワの自殺率は非先住民の三四倍であると記されている。ブラジル先住民保健特別事務局の報告によると、二〇〇七年以降、三五一人の先住民が自殺により死亡している。[85]二〇一一年から二〇一五年の間の統計では、自殺の四四・八％が一〇歳から一九歳の子どもだという。自殺による死者は、先住民では一〇万人当たり、一五・二人にのぼる。[86]

ロザリーノ・オルティズの九歳の娘、ルシアンは茅葺の小屋の中で首をつって自殺していた。ロザリーノは、子どもたちが死んでいくのは、土地がないことを悲観してだという。「私たちには大地がない。昔は自由だったのに、今となってはその自由がない。」と嘆く彼女。「若い子たちは周りを見回して、何一つ残っていない場所でどうやって生きていけばいいのか悲嘆にくれるの。彼らは自分を見失って自殺してしまう。[87]」

先住民族国家の中には反撃に出る人々もいる。二〇〇六年一二月、シンタス・ラガス保護区の鉱山で無許可で作業をしていた二九名の鉱山労働者が殺害された。シンタス・ラガスの指導者たちは、鉱夫らが一四歳の少女らを強姦し、コミュニティに薬物を持ち込んでいると訴える女性たちに後押しされて、行動を起こさざるを得なかったのだ。シンタス・ラガスではすでに一九六〇年代以降、何千人もの人々が鉱山労働者や土地投機家によって虐殺されてきた。[88]一九九九年から二〇〇七年まで、ニューヨーク・タイムズ紙の南米支局長だったラリー・ローターがインタビューしたあるチーフは、逆質問を返してきた。「あなたたちの民族は、なぜそんなに好戦的なのか？[89]」

残虐行為は今日もなお続いている。二〇一七年九月には、アマゾンで外部との接触を持たずに暮らしてきた先住民一〇人が、川のそばで卵を集めていた際、金鉱山労働者によって殺害された。飲み屋で犠牲者の一人から奪った手彫りのパドルを見せびらかしながら、金鉱労働者たちはその殺害を自慢げに語っていたという。[90]

二〇一八年七月、アマゾンで外部世界と一切接触のない先住民男性のビデオ映像が国際的に大きく報道された。「穴の民」として知られる彼は、一九九五年に農民らに襲撃された六人グループの中で唯一の生存者と考えられていた。彼は二二年間、熱帯雨林の中でたった一人で暮らしていた。

「彼の決意はよくわかる」と、国立先住民保護財団のロンドニア州地域コーディネーターであるアルター・アルゲィヤーは言う。「彼の経験を思えば、彼にとってそれは抵抗の、そして少しの否認と憎しみのしるしだ。」

「彼がまだ生き延びているという事実は、人類にとっての希望でしかない。」と、サバイバル・インターナショナルの調査・推進ディレクターのフィオナ・ワトソンは述べる。「彼は究極の象徴と言って良いでしょう。[91]」

3章　第三の空間

アニシナベ族の女性は子を産む前から、お腹の子に歌を聞かせる。とエルダーのサム・アチニーピネシカムが教えてくれた。お産を控えた女性は、ここはいい場所だよ、この家族に生まれてきてくれてありがとう、と子に語りかけるという。

お腹の子には、民族のこれまでの物語も聞かせるのだ。そうすれば、生まれた時に自分が何者かわかるから。生まれてくる準備もできるだろう。産声を上げるや否や、その子は大勢の女たちに迎えられる。それぞれが、お産の間特別な役割を果たす女性たちだ。子どもが生まれると、エルダーたちがやってきてその子に名前をつける。それからずっと抱えていく名前。命名はいつ行なっても良いのだが、それは、その子が部族の一員になることを意味する大切な儀式だ。

出産直後、胎盤は土に埋められる。へその緒も埋められる。子どもがこの先もずっと大地とつながっていられるように。

最初の一年間、子どもは地面に触れることがない。赤ん坊は、一人で歩けるようになる特別な日まで、母親が背負うティキナガン（皮や毛皮がはめ込まれた木の板）に入れられて運ばれる。その特別な日がやって来ると、「歩き始め」儀式が行われる。子どもは、最初の一歩を踏み出し、足元の地面をしっかりと感じとる。地球とつながったことを身体で感じるのだ。

こうした一連の儀式は、一人前の人間になるための通過儀礼の始まりである。一つでもステージを見失うと、子どもたちは自分が何者で、どこから来たのかがわからなくなる。こうやって、アニシナベ族の子どもは、ミノ・ビマァディズミン（良い人生を送ること）を身につけていく。アニシナベ族の人間として生きることは、良い人生を送ることであり、先祖が望んだように生きることでもあるが、そのためには伝統的な教えに立ち返り、民族の言葉を学ぶことが大切だ。[1] それがアニシナベ族の生き方であり、これからも変わらない。

愛着、血族関係、家族は、自分が何者で、どこから来たのかを教えてくれる。生まれた瞬間から、私たちに尊厳や帰属意識を与えてくれるものだ。先住民族の文化では、家族という単位は、一つ屋根の下に暮らす核家族というユニットを超えて構成される。家族とは、強固で結びつきの強い血族関係を意味する広範なネットワークなのだ。場合によっては、コミュニティ全体が家族であることも少なくない。もし、子どもが孤児になったり、実の親が子どもの世話ができない場合、この大きな家族がその子どもの養育を引き継ぐ。その子には実母はいないかもしれないが、その代わりに、沢山の母親代わりを持つことになる。しかし、もし子どもが親やその家族、コミュニティから引き離されてしまうと、彼らは幾重もの損失に苦しむことになる。

ストックホルムの中心街にある近代的なホテルの七階で朝食をとりながら、ヘレン・ミルロイが、オーストラリアのアボリジニの家族関係について説明してくれた。私たちは、国際メンタルヘルス・リーダーシップ会議に出席していた。この会議は、世界中から集まった三五〇〇人からなる心の健康に関する専門家集団だ。カナダ、米国、オーストラリア、ニュージーランド、イングランド、スコットランド、アイルランドが加盟している。毎年会合が開かれ、メンタルヘルスに関する実践事例を報告し合い、治療の現場が直面している課題について意見交換するのが目的だ。

ヘレンは、西オーストラリア州ピルバラ地方に暮らすパリク族の子孫である。彼女の専門領域では一匹狼として知られる人物だ。パースで生まれ育ち、アボリジニの家庭で母親と祖母に育てられ、西オーストラリア大学の医学部に進学した。卒業後、彼女はプリンセス・マーガレット病院に勤務することになり、児童への性的虐待を専門に扱っていた。彼女はそこで、心に傷を負った子どもたちを治療する近代医学の無力さを目の当たりにした。こうした経験を経て、彼女は大学に戻り学び直し、オーストラリアで初めてのアボリジニ出身の精神科医となった。ヘレンの語り口には、力強い道徳的な説得力がある。それは、彼女自身の人生経験を集めた知恵から生じるものだ。彼女は、オーストラリアの児童性的虐待を調査する王立委員会の六人の委員の一人として、五年間にわたりこの問題にも取り組んできた専門家である。ローマ・カトリック教会への申し立てをきっかけに、この委員会が二〇一三年に設置され、学校、教会、スポーツクラブ、孤児院、障害者サービス施設などの公的機関を対象に、児童に対する性的虐待の報告があった際、組織としてどのような対応をしたかを調査している。

ヘレンはオーストラリア大陸各地に出向き、六八七五人の子どもに対する性的暴行案件のサバイバー約二〇〇〇人にインタビューを実施した。全ての案件のうち、二五〇〇件以上は、警察が介入し事件として捜査されている。その結果、オーストラリア全土の四〇〇〇もの機関に対して申し立てが行われた。最も申し立てが多かったのはカトリック教会に対するもので、そこで四四〇〇人の子どもが性的虐待の被害を受けたと言われている。(3) うち四〇人の自殺が、ビクトリア州のカトリック聖職者による虐待と直接関係していた。[4] 英国国教会には、一一一五件の虐待の申し立てがあった。[5]

二〇一七年一二月に発表された最終報告書で、王立委員会は四〇〇件以上の勧告を提示した。国レベルの予防戦略の策定や連邦政府に児童安全局を設置することなどが含まれた。[6] 委員会はまた、オーストラリアの先住民族の子どもたちに関する重要な情報をまとめた「最終報告書の手引―アボリジニとトレス海峡諸島の先住民族」と題した別冊を作成している。調査団がインタビューした性的虐待サバイバーのうち、先住民族であるアボリジニとトレス海峡諸島の子どもは九八五人（全体の一四・三%）含まれていた。[7] 別冊の手引きには、先住民族特有の歴史的、社会的、文化的、政治的要因が含まれている。

一九一〇年から一九七〇年にかけて、オーストラリア政府はアボリジニとトレス海峡諸島の子どもたちを、強制的に家から、そして家族から引き離す政策を実施していた。子どもたちの多くが、白人家庭に引き取られ養子となる一方で、孤児院や政府や教会が運営する施設に入れられた子どもたちもいた。五万人の子どもたちがこの政策の犠牲になったと推定され、彼らは現在「盗まれた世代」と呼ばれている。[8]

連邦及び州政府の保護隔離・同化政策は、一八六九年にビクトリア州でアボリジニ保護中央委員会が設立されたのを皮切りに、一九六九年にニューサウスウェールズ州でアボリジニ福祉委員会が廃止されるまで続いた。これらの政策は、先住民を劣等民族として描く社会進化論の影響を受けている。その目的は、アボリジニとトレス海峡諸島の人々を排除することだった。自然淘汰されるか、白人社会に同化させるかのどちらかだ。その結果、先住民族文化にとって重要な家族構造が完全に解体され、破壊されてしまった。何千人もの子どもたちが、白人の家族に養子として引き取られるか施設に預けられ、身体的・性的な虐待やネグレクトを受け、民族から与えられた名前や伝統を否定され、そして、実の親は死亡したか、子どもを望まなかったのだと告げられてきた。子どもたちは標準以下の教育しか受けておらず、学校を卒業すると、労働者や家事手伝いになるしかなかった。一方、子どもたちの両親や祖父母は、カナダのインディアン法に似たアボリジニ保護法の父権的で統制的な規制政策の下、ミッション〔教会がアボリジニに用意した労働施設〕、リザーブ〔政府が用意した保留地、行政監督なし〕、あるいはステーション〔政府が用意した保留地で行政監督あり〕で貧困生活を強いられた。[9]

政府の政策が実施されると、アボリジニとトレス海峡の島民の人生に有害な影響を及ぼした。それはまるで、彼らの首の周りにぶら下がる見えない錨のようだった。あるサバイバーは、「兄や母、そして私が家族の一員として分かち合い、喜ぶべき時間は永遠に失われたままだ。どんな宝物よりも価値がある家族との時間、盗まれた年月は取り返すことはできない。」と話した。[10]

こうした先住民は多くが仕事も持てず、都市や小さな田舎町で貧困状態で暮らしていた。彼らは依存症のパターンに陥り、健康を害し、一般の人々よりも平均寿命が短い。また、社会からの差別の眼差し、差別的な制度にも苦しんだ。刑務所に収監されることも多い。子どもたちは、帰属意識や、自分が一体何者で、どこから来たのかも分からぬまま成長する。その過程で、これまでほとんど聞いたこともなかったことを実行するようになる。自分で命を絶ってしまうのだ。そして、その負の連鎖はその子や孫世代へと続いていく。

「子どもの時、母親に抱かれていて上を見上げると、母親の愛情のこもったまなざしに自分が映っているのが見えるでしょう?」とヘレンはコーヒーを飲みながら話し出した。「それで子どもは愛されていることを感じて、安心できるのです。もし、その姿が映る鏡が割れてしまうと、自我を持たないまま成長することになる。ゆがんでひびの入った鏡に映る自分を見せ続けられたら、普通に成長することなどできるわけがない。成長した後も、その歪んだ鏡の中で、「生きる価値のない」「仕事にも就けない」「刑務所に入ってばかり」の人物像を社会から見せられ続けるのです。」

人権・機会均等委員会が六八〇ページに及ぶ「先住民族とトレス海峡諸島民の子どもたちの家族からの分離に関する国家調査報告書」をオーストラリア連邦議会に提出したのは、一九九七年五月二六日のことだ。報告書は、同国の暗黒の植民地時代の歴史と先住民族に対する国家による虐殺を公式に認めている。五四の勧告に加え、施設に収容された多くの子どもたちが受けた性的虐待について謝罪がなされた。公式謝罪は、二〇〇八年、ケビン・ラッド首相によって行われた。報告書の発表から一〇年の月日が経っていたのだが[11]。そして、勧告の大部分は今もまだ実施されていない。

今日の先住民族の若者は、不安定さが常態化した世界に生まれてくることが多い。薬物依存の問題を抱える親や、極度の貧困の中で生活している親、あるいは、親自身の育った環境のせいで育児のノウハウを欠いた親たち。子どもたちは極めて排他的な社会に生まれてくるため、自殺の危険があるだけでなく、性的虐待やガソリンや薬物を乱用するなどの自己破壊的行動の割合も高い。二〇一六年六月三〇日付けのガーディアン紙の記事によると、「アボリジニとトレス海峡の島民で養護の対象となっている子ども一万六七六七人のうち、半数以上は、自分の親族または先住民の里親と同居していたが、約三分の一は非先住民の里親の元で暮らしていた。残りは非先住民の親族であった。」また、勧告に含まれていたメンタルヘルスケアのための資金が、先住民族の組織に十分届いていないこと、そのため、子どもたちのトラウマケアや、世代間トラウマに対処できていないと指摘している。「こうしたミッション遂行を、トラウマの原因となった同じ教会が担当するケースさえある。[12]」という。

二〇一七年の年次報告書「格差縮小」によると、先住民族の健康、教育、雇用における不利な条件や格差を縮小することを目的として設定された七つの指標のうち、格差が縮まったのはたった一つしかない[13]。二〇一八年二月、「格差縮小」政策の見直しを担当した非政府組織は、政府がこの政策を「事実上放棄した」と結論づけている[14]。

ヘレンは、アボリジニとトレス海峡の島民が受けた扱いは虐殺《ジェノサイド》と明言する。彼らの存在そのものの破壊。「虐殺はさまざまなレベルで起こりうるものです。身体的、心理的、社会的、精神的、文化的レベルで起こる。物質的生命体として完全に無くなること。人間性におけるアイデンティティと存在の否定。家族の分離と子どもを奪うこと。最も神聖な存在を侮辱したり破壊すること。文化の軽視と中傷は何世代にもわたって起こってきました。虐殺のふちに立つことは、永遠に失われていく奈落を見つめ続けるようなもの。」と、彼女は言う。「虐殺は時を超えて進行するのです。過去と未来の二つの方向に向かって。虐殺は、私たちを過去から引き離し、未来の希望を壊していきます。」

広範な精神衛生・保健システムが存在しない状況では、サバイバー、あるいはその子どもや孫は自分たちで何とか対処しなくてはならない。ヘレンは、多くの人がトラウマを抱えながら暮らしているためにそれができていないと指摘する。深刻なトラウマがある場合、知り合いや、すべてのことから自分を隔離しようとする傾向が強くなる。しかし、それはかえって、その人を虚無感や何も知らないでおこうとする荒廃状態に放置することになる。孤立、どこにもつながっていないと感じる孤独というのは、その人を取り囲む強力な磁場のようなもので、そこから助けを求めることも、他者が手を差し伸べることもできないような状態だ。誰かに話をしたり、誰かを呼んで助けを求めることもできない。唯一、安全だと感じるのは、一人になったとき、完全に孤立し、他の誰からも切り離されているときだけなのだ。こうした感情が続く限り、健全な人間形成の機会は全く失われてしまうだろう。これがトラウマを抱えて生きる人々の心のありようなのだ。

「あなたのことを大切に思ってくれている人を全員思い出してみてください。彼らはあなたという存在をつなぎとめている綱のようなもの。でも、その綱が切れてしまうと、根無し草になってしまう。単に帰属意識を持てないだけでなく、風に飛ばされるのをつなぎとめてくれる人もいない状態。」と、ヘレンが言う。「トラウマは、あなたの将来的な人間関係や、それを作る能力さえも破壊してしまうもの。もし、自分が完全に孤立してしまったら、死ぬしかないと思い込んでしまう。それが理にかなっているとさえ考えてしまうのです。どこにもつながっていないのだから、自分なんていなくなった方がいいと。」

ヘレンは、「第三の空間」というモデルを使って説明を続けた。この「第三の空間」は、性的虐待の被害者へのインタビュー中に彼女がiPadで描いた絵の中に登場する。その絵の片側は鮮やかな色で、流れるような動きの複数の線が描かれている。「これはアボリジニの文化を表してます。」と、彼女は説明する。その反対側には、アボリジニ以外の文化を象徴する、色味のない直線が強く引かれている。対照的な二つの領域はほぼ中央でつながりそうになるが、結びつくことができない。これが「第三の空間」と彼女が呼ぶもので、空白になったスペースだ。

「トラウマや喪失、悲嘆、絶望を抱える子どもたちは、この第三の空間に浮かんでいると考えられます。でも、そこは彼らが望む場所ではありません。」と彼女は言う。「この第三の空間を取り除かない限り、治癒に近づくことはできません。」

二〇年前、マイク・メタタワビンは、夏季NAN指導者会議に出席するエルダーたち（多くがジェームズ湾岸の出身で、クリー語かオジ・クリー語を話す）の通訳を務めるため、初めてウンヌミン・レイク・ファースト・ネイションを訪れた。

マイクが、後述するラルフ・ロウの犠牲者に初めて会ったのは、この旅の最中だった。その出会いが、彼の人生の進路を変えることになる。公民館に座っていた彼は、なぜか奇妙で落ち着かない気持ちが押し寄せてきて、その場を今にも離れたいという衝動に駆られたのだという。彼は立ち上がってその会議を後にした。

冷たい雨が靴に染み込んでくるのを感じながら、彼が宿泊していた質素なキャビンに向かった。薪ストーブがついていることを願ったが、中に入ると、キャビンは暗く、冷え冷えとしていた。その時、彼は誰かの視線を感じた。若い男が隅に座っていたのだ。彼の前のテーブルには革製の小さなハンドドラムが置いてあった。縄が近くに置かれていた。

マイクは椅子に腰掛けて、おもむろにドラムを叩き始めた。彼はその若者に、数ヶ月前に幼児が急死した後、ずっと抱えていた痛みについて話した。若者は静かに聴いていた。マイクは話を終えてもドラムを鳴らし続けた。

しばらくして、若者が語り始めた。今夜がその夜さ、と若者は言った。もうこれ以上耐えられないという。心の傷は耐えらないと叫ぶのに、誰も助けてはくれない。ラルフ・ロウが彼にしたことについて、コミュニティの誰にも話すことができないと感じてたと言うのだ。なぜなら、この信仰深きコミュニティこそが、この悪魔を繰り返し招聘し続けてきたのだから。この英国国教会の司祭がウンヌミンにやってくるたびに、人々は彼を称賛しへつらった。しかし、当時はまだ少年だったその若者は、何が待ち受けているかを知っていた。彼は恐怖に怯えるが、その理由を誰にも言えなかった。尊敬される聖職者が、信者の一人にそんなひどいことをするなんて誰も信じないだろうから。

その若者は、止めようがなく語り続けた。ドラムをたたき続けるマイク。二人とも、精神が疲労困憊するまで何時間も一緒に座っていた。マイクはその若者の目から危険が去っていくのを見た。

「その時のことは決して忘れられない。誰かが助けを求めて手を伸ばし、その呼びかけに私が応じたその瞬間。生きたいという意志の力。すべてを失った後に、天使が降りてきて、耳を傾けなさいとメッセージを送ってくるその瞬間。」これは、クリー族のムシュケゴワック協議会の報告書『自殺パンデミックに関する住民調査』の中にあるマイクの言葉だ(15)。マイクは、ムース・クリーからアッタワピスカット、フォート・アルバニーまで、ジェイムズ湾沿いのファースト・ネイションズのコミュニティを襲った、自殺の蔓延を調査する委員会の主任委員を務めていた。一九九八年にウンヌミンであの若者と出会った後、マイクはNAN全地域に範囲を広げ、性的虐待のサバイバーを探した。何十年もの間、誰にも何も話せずにきたサバイバーがいるはずだと確信していたからだ。調査の結果は彼の想像をはるかに超えるものだった。何百人もの男性—すべてサバイバー—が痛みを抱えたまま暗闇の世界に生きてきた実態。アルコールや薬物依存、暴力、自殺念慮を経験し、場合によっては自殺した者もいた。マイクはまた、虐待者ロウの影響が、直接の被害者の妻や子どもたちにまで及んでいたとは、夢にも思わなかった。

プロペラ機でやって来た一人の病的な男による暴行がもたらした惨状は、今日もなお、英国国教会司祭の管理下にあった二〇のコミュニティで、雷のように鳴り響いている。そしてその男の行動は、四〇年後のワペケカとポプラー・ヒル・ファースト・ネイションズ出身の七人の少女たちの死にまでつながっている。

ワペケカ・ファースト・ネイションのウェブページには、画面の左側に小さな文字で、条約第九号の調印意義について記されている。悲喜こもごもの歴史だ。「夜明けに太陽が地平線に昇り、川は穏やかに流れる。木々は高くそびえ、母なる大地から草が伸びる。条約委員が高らかにこう約束した。女王陛下は臣下の子どもたちを永遠にお守りくださるのだ。太陽が輝き、川が流れ、草が青い限り。」

ワペケカ・ファースト・ネイションは、オンタリオ州北部の町、スー・ルックアウトから北東約四五〇キロメートルに位置する。一九二九年、オンタリオ州がマニトバ州に接する最北西の地域への拡大を目論見、この地域を条約第九号へ組み込んだ。[16] ワペケカに行く唯一の方法は、チャーター機（往復料金は約一二〇〇ドル）をワセヤ航空に予約するしかない。ワセヤ航空は、この地域のファースト・ネイションズが所有・運営する企業だ。もともとは、キッチンマイコシブ・イヌウワグ（KI、あるいはビッグ・トラウト・ファースト・ネイション）のオジ・クリー族が、この地を冬の定住地として利用し、

ＫＩの北西約二六キロメートルの位置に罠を仕掛けていた。その頃、他のコミュニティもＫＩを離れ、周辺のキングフィシャー・レイク、ウンヌミン・レイク、ベアスキン・レイク、カサボニカ・レイク、マスクラット・ダム、サチゴ・レイクに定住するようになった。

ワペケカがインディアン法のもとで正式にバンド〔行政組織〕として登録されたのは一九七九年のことだ。イギリス人植民者らがアングリング・レイク・ファースト・ネイションと呼んでいたのを、オジ・クリー族の人々がワペケカと正式名を変更したのだ。フロッグ・レイクとアングリング・レイクの間に位置するこの居留地は、ワペケカ1とワペケカ2という二つの居留地から構成されており、全体で約五二平方キロメートルの領域を占める。豊かな野生生物、広大な淡水湖に恵まれ、母なる大地に残された原生林も豊富な地域だ。

真冬になると、気温は氷点下三〇度から四〇度まで下がる寒さの厳しい地域でもある。息をすると、肺から吐き出された空気が一瞬のうちに凍り、髪やまつ毛に凍った水滴が付着する。足の下の雪は固く純白だ。極寒の中での唯一の休息は屋内にいることで、居留地内で出かける場所は多くない。

一〇数本の道が交差する居留地の中心には、灰色のバンド事務所、看護ステーション、オンタリオ州警察署、そして小学校がある。エレザー・ウィンター牧師記念小学校が二〇一五年五月に全焼しているが、一年も経たない二〇一六年二月三日には再開されている[17]。居留地には、小さなホテル、食料品店、そして新築予定の青少年センターの基礎部分がブルーシートで覆われている。悪天候が続き、青少年センターの建設工事は立ち往生しているようだ。

人口わずか三六三人のワペケカに、三つの教会が立地している。信仰の中心は英国国教だが、このコミュニティにおける英国国教会の歴史は複雑だ。長い間救世主だった教会は、たった一人の人間によって、破壊的暴力へと変貌した。その人物とは、元司祭ラルフ・ロウだ。

ラルフ・ナイト・ムンク・ロウの行動により、ワペケカの人々、さらにオンタリオ州北西部やマニトバ州北部の二〇以上のコミュニティが受けた被害の大きさは計り知れない。彼がこの地にやってくるロ実は完璧だった。英国国教会の聖職者の息子であるロウは、最初はオンタリオ州警察官として訓練を受け、ジョージア湾にあるマニトゥーリン島に赴任した。幾つかのファースト・ネイションズの土地だ。この頃、ロウはボーイスカウトにも参加するようになっている。また、飛行訓練も受けている。

ロウは突然警察を辞め、一九六六年にオンタリオ州のケノラに引っ越し、そこで遠隔地への小さなチャーター便の運行を始めた。一九六七年から一九七〇年までは、マニトバ州に住み、そこで神学の研究に専念。英国国教会の信徒読師となり、夏にはウェガモウ、ネスカンタガ・ファースト・ネイションを訪れ、一ヶ月ほどそれぞれのコミュニティで過ごしている。一九七一年にはマニトバ州のスプリット・レイクに居を構え、一九七五年には英国国教会の司祭に任命され、オンタリオ州北部の僻地にあるファースト・ネイションズでの奉仕を任されるようになった。

寄宿学校を卒業したのちキリスト教に改宗した北部の人々は、ロウを慕った。あたかも地球に降り立った神の代理人のように。彼はまた、エルダーたちとも対話ができるよう、オジ・クリー語を学ぶことも欠かさなかった。

ロウがそれぞれのコミュニティで暮らしている間、特に関心を寄せたのが一二歳前後の少年たちだった。彼は少年らを森の中のキャンプ旅行に連れて行き、一九七七年にカブ・スカウトのリーダーとなってからは、ウンヌミン・レイク・ファースト・ネイションで野外プログラムを開始した。しかし、少年たちとは野外活動に行くのに、少女たちに声がかかることはなかった。彼のやり方はいつも同じで、誰からも信頼と尊敬を得ていた。

二〇一二年にケノラで行われた裁判で、D・フレイザー判事はロウの行為は「寄宿学校の経験以上に甚大な被害を与えた。」と述べた。なぜなら、その出来事は「最近のこと」であり、これからコミュニティのリーダーとなりつつある次世代の少年たちに計り知れない影響を与えたからだ。「被告は非常に尊敬されていて、笛吹きのように小さな子どもたちを引き寄せることができた。そして、親からも信頼され、子どもたちにも好かれていた人物が、突如として寄生虫のごとく怪物に変貌していったという経験は、子どもたちの心に大変な混乱をもたらしたのです。」とフレイザー判事は述べた。「挽肉にして犬の餌にするという罰が刑法にあるのなら、そうしたいのは山々です。しかし、そうした刑罰は存在しないし、何の救いにもなりません。[18]」一九七〇年代から一九八〇年代半ばにかけて、ロウは、八歳から一四歳の少年らに見境なく性的虐待を行っていた。NANによると、ラルフ・ロウの犠牲者は五〇〇人に上る可能性があるという。[19]彼はおそらくカナダ最大の犠牲者を出した小児性愛者の一人だろう。しかし、わずか六〇件の性犯罪で起訴されただけで、服役はわずか五年。政府との司法取引があったと言われている。

ロウは現在、バンクーバー島のカウチャン湖近くの小さな町に住んでいる。ジャーナリストのステファニー・ハリントンは、地元の英国国教会にロウを訪ねてインタビューを取っている。ロウは「あらゆる種類の矯正プログラム」を受けてきたと言い、「事実に対しては後悔してもしきれない」と語った。

彼はまた「癒しの輪」の必要性について、この三一年間考えてきたという。「それから、私は否定され続けています。」と言う。多くの虐待の申し立てがあるのは承知しているが、そのうちの何百という申し立ては、真実ではないと主張するのだ。「現段階では、その多くが事実ではないとして申し立てに含まれていません。[20]」

ロウの影は今もNAN地域全体を覆う。すでに寄宿学校の後遺症に苦しんでいたコミュニティに破壊的な負の遺産を残してしまった。離婚や家庭崩壊、身体的・性的虐待、ドメスティック・バイオレンス、アルコールや薬物依存問題、自尊心が低く混乱した考えを持ち破綻した男たち、助けを求めようにも行くあてが全くないという悲観。こうした児童虐待、寄宿学校のトラウマ、居留地での劣悪な生活環境が与える影響は、恥辱の悪循環を生み出す。苦しみを抱えきれなかった数十人もの成人男性が自殺し、サバイバーの子どもや親族に及んだ連鎖的影響の甚大さを考えれば、NANのグランドチーフ、アルヴィン・フィドラーがロウを真っ向から非難するのは当然だ。[21] 北部地域のすべてのコミュニティの現場で適切な医療と精神衛生のケアが提供されなければ、状況を支えることは不可能だ。一九九〇年代にワペケカ・ファースト・ネイションで自殺が急増した際、命を絶った多くはラルフ・ロウの犠牲者だった。この危機を受けて立ち上げられたのが、毎年コミュニティの中で開催されてきた「自殺サバイバー会議」だった。二〇一五年、会議への予算が削減されてから一年も経たぬ間に、ワペケカとポプラー・ヒル・ファースト・ネイションズ出身の七人の少女が自殺で亡くなっている。そして今日もなお、条約第九号地域のファースト・ネイションズであるピカンジカム、アッタワピスカット、フォート・アルバニー、ワペケカなどのコミュニティは、西側諸国の中で最も高い若者の自殺率を示している。

オンタリオ州議会議員のソル・ママクワが、最近サンダーベイ病院の精神科病棟を訪問した時のことを私に語ってくれた。病棟にはウンヌミン・レイク・ファースト・ネイション出身の少女六人が入院していた。性的暴行の被害者だ。その中の一人に、ソルの知人家族の少女がいた。「彼女は五分ごとに痙攣を繰り返していたんだ。虐待行為に対する身体反応だろう。」と彼は言った。「胸が張り裂けそうで、見ていられなかった。」

性的暴行の加害者はコミュニティ内の人間で、三人が特定されていた。全員が二〇代前半で、約二〇人から二五人の少女たちが被害を受けていた。「コミュニティ内では、(最近の)自殺について複雑な思いが錯綜している。」と、ソルが言う。「その(自殺した)若い男性は少女たちを虐待した犯人の一人だったんだ。」

ウンヌミン・レイクは、ロウが何年もの間、訪れていたコミュニティの一つだった。一連の事件が明るみになったのは、ソルの遠い親戚に当たるジェームス・ママクワによる行動がきっかけだった。一九九二年にオンタリオ州警察のドン・ヒューイット巡査(現在は退職)がサンダーベイのコミュニティーカレッジで講演しているのを聞いた後、ジェームスはロウに虐待された事実を彼に話したのだった。それがウンヌミン・レイクでの事件捜査につながった。[22]

少女たちの連続死に対応していた緊急援助隊がワペケカを離れた後、コミュニティは様々な支援者を雇い入れてきた。ジュニア・カナディアン・レンジャーズには、若者がいる家庭への戸別訪問、狭い路地の一つ一つを見回るよう依頼した。また、トラウマやメンタルヘルスの専門家らを要請した。四名の長期メンタルヘルス・ワーカー、四名の若年支援ワーカー、労働者、四名のレクリエーション支援ワーカーが支援活動を続けている。

アナ・ベティ・アチニーピネシカムが、自殺と性的虐待に対処する多面的な計画について教えてくれた。まず、エルダーの間で意見交換から始め、そこで歴史的トラウマについての取り組みを議論する。その後、当時そのコミュニティに住んでいた女性と男性のグループを対象にグループセッションを実施すると言う。バンドの評議員及び現場の職員には、性的な境界線、性的トラウマ、トラウマ的な出来事を扱うための手順を策定するため訓練を受けてもらう。例えば、若い子で友人を亡くした場合、その喪失に対処するための対応を検討しておく必要がある、と彼女は言う。「答えは、子どもをコミュニティから引き離し隔離することではないでしょう。それは、児童福祉支援団体がこれまで行ってきたことですが、明らかに機能していません。[23]」

カナダに住む六万人のイヌイットの全国組織イヌイット・タピリイト・カナタミの代表であるナタン・オベドは、コミュニティの指導的立場にある人々、そしてエルダーを交えて、性的虐待やジェンダーに基づく暴力の問題について議論する必要を強調する。子どもたちを守るため、幸せで健康な子ども時代を過ごすために避けて通ることはできないテーマだ。「困難であるに違いありませんが、それを抜きにこの問題について話すことはできません。」と彼は言う。「子どもたちの安全を守るために、もっとすべきことがあります。児童への性的虐待が自殺の危険因子であることはすでに分かっていますから。[24]」

サスカチュワン大学のジャック・ヒックスによると、カナダ全土の先住民族コミュニティでは、性的虐待が自殺率を高める主な要因となっているにもかかわらず、それが公然と議論されたり、問題視されたりすることすらないという。サスカチュワン州の一〇歳から一九歳までの若い先住民女性の自殺率は、非先住民の同年齢層のそれと比較して二九・七倍高い。同じ年齢層の若い先住民男性の自殺率は、非先住民男性の自殺率の六・四倍となっている。[25]

ヒックスがテクニカル・コンサルタントを務めた二〇一八年に出された報告書、『サスカチュワン先住民族のための自殺防止戦略』は、当時の少女たちの心の状態について痛切な質問を投げかけている。「サスカチュワン州の一〇代のファースト・ネイションズの少女たちの自殺率が急激に上昇していることを考えると、自殺未遂率も急激に上昇しているのではないだろうか？　もしそうだとしたら、こうした若い女性たちのこれからの人生はどうなるのだろうか？　医療システムへの影響、自殺未遂が続くことへのコストはどうなるのか？　そして、根本的な問題として、どのような影響が社会に引き起こされるのか？　現時点で、われわれは何も知り得ていない。[26]」

シーバードでは、どこにいても長く寂しげな汽笛が聞こえる。カナダ太平洋鉄道が居留地を横切って敷設されたのが一八八一年。インディアン保護区委員会がそこにコミュニティを設立した二年後のことだった。いくつかのファースト・ネイションズが共同でこの地に移住を決めて設立された先住民族の自治連合である。同じ頃、オブレート会によって、ローマカトリック教会がこの地に建設されている。

現在のシーバードは、ブリティッシュ・コロンビア州南部、雪に覆われたチーム山の麓、フレイザー川水系の緑豊かな渓谷に抱かれた近代的で進歩的な共同体だ。地域には、コミュニティが運営する小学校と高校、職業訓練校、デイケア、そして十分なスタッフを備えた医療センターがある。センターには、先住民族出身の医師、歯科医、看護師が常駐している。

エルダーのマギー・ペティは、シーバードで医療と教育の改善に数十年を費やしてきた人物だ。彼女は、五年前に兄のクリフ・ペティを、また最近になって甥のブライアン・ジュニアを亡くしている。現在、連邦政府の助成金を得て、自殺防止についての研究に取り組んでいる。大地に根ざした文化的教えに立ち返り、シーバードの子どもたちが先住民族の誇りを取り戻せるようにしたいと考えているのだ。彼女は、コミュニティの多くの人々が、家族やコミュニティから強制的に引き離された寄宿学校制度の後遺症に苦しみながら、現在は、児童福祉局が保護を理由に子どもを連れて行くのではないかという不安を日常的に感じているという。こうした苦しみと不安の先にあるのは、依存症、精神疾患、高校中退、投獄率や失業率の増加である。

過去数年間に、人口一一五〇人のコミュニティで、五人の若い男性が線路上で自殺している。どの男性にも似たようなきっかけがあった。恋人と別れる、喧嘩、意見の食い違いなどが直接の原因と考えられている。「あの子たちは、あまりにも遠くに行ってしまったようね。魂の抜け殻になってしまうと、それを取り戻すのは容易ではないから。」とマギーは言う(27)。

二〇一六年、フレイザー保健局、フレイザー・バレー大学、そしてフレイザー・バレー地域の一一のコミュニティで構成される先住民族評議会ストーロ・ネイションが、シーバード・アイランド・ネイションを対象にした若者の自殺予防に関する研究助成をカナダ健康情報研究機構に申請した。マギーは、この研究事業を始めることは必要だが、現実に必要な対応には全く追いついていない、と苛立ちを隠せないでいる。「審査が遅すぎます。その間にも若い人たちが命を絶っているというのに。」

マギーはシーバードの誰もを知っている。そして、外向きの笑顔の裏にある彼らの苦悩もよく知っている。彼女は携帯電話の番号をコミュニティのメンバーに教え、危機的な状況にあって助けが必要な時にいつでも連絡してくるよう伝えているのだ。マーゴ・ジミーと彼女の一七歳の娘サマーが診療所にやってくると、マギーが満面の笑みで二人を迎え入れた。ストーロを訪れるにあたり、マギーがマーゴを紹介してくれ、私は彼女から話を聞けることになった。

マーゴの心の痛みはもう三年ほど経ったが、回復の兆しはないと言う。そして二度と回復することはないことも知っている。彼女が取り組んでいるのは、悲しみのどん底で生きる方法を見つけること。その道のりは長い。マーゴは、バンクーバーの市街地にあるオフィスタワーから出てきたばかりのキャリアウーマンのようだ。漆黒の髪は流行りのショートで横になでつけている。黒のパンツの上に薄手の黒いコットンカーディガンをはおり、黒、ピンク、青の幾何学模様のプリントが入ったブラウスを合わせている。明るい青とメタリックの大きな楕円形のビーズのイヤリングが彼女の耳たぶを覆い、首の半分近くまで垂れ下がっている。ホットピンクの長いネイル。薬指の爪には、マニキュアの代わりに金とダイヤモンドの宝石が付いている。

マーゴは、毎朝起きると、仕事に向かうための身支度を完璧に整えているという。しかし、彼女はこの三年間、仕事に出ていない。二〇一五年二月八日以来、ずっと働いていない。彼女の息子のバブがいなくなって以来、一度も。

マーゴは、娘のサマー、バブ、そしてもう一人の息子トリスタンを一人で育てた。彼らの父親が家を出て行ったからだ。三人の子どもたちは、九年前に現在の夫に出会うまで、父親の存在を知らずに育ってきた。「ママしか知らない男の子は、適応するのが難しいのかも。」と彼女は言う。「父親的存在が入ってくると、男性との信頼関係を持ったことがないから、受け入れるのが難しかったのだと思う。」

バブは優しくて、チャーミングで、思いやりのある子どもだった。が、彼は心の問題に苦慮していた、と彼女は思い出す。彼が五歳のころ、かんしゃくを抑えきれなくて大変だったと言う。でも彼女は、それが普通だと思っていたのだ。シングルマザーの子にありがちな態度だと。彼女自身、医師や看護師と良好な関係を築いておらず、頻繁に連絡を取り合うこともなかった。精神医療サービスにかかるのは容易ではない。彼女は一度だけ、メンタルヘルスの相談で、バブを病院に連れて行ったことがある。八時間待って臨床心理士に面会したものの、バブは以前にまして孤立感を感じたようだった。彼は疲れきっていて、医師から聞かれたことに適当に答えて、その場から早く出ようとしたそうだ。彼らは、医師から電話番号を渡され、状況が悪化したら連絡するように言われた。

「そんなの、うまく行くわけないわよね。」とマーゴは呆れたように言った。「じっと座って話をして、問題の核心に迫ることができたらうまく行くかもしれない。でも、心の問題を抱えている人は、何が正常で何がそうでないか、理解するのは難しいのよ。」彼女は、精神医療従事者は、言葉少ない患者、何もかも隠してしまう若い子たちに対して、もっと時間をかけて対応すべきだと感じている。一〇代の若者たちが自分から助けを求めることなんて、普通はありえないだろうと。

バブは自分が誰かにつけられていると言い、一箇所に長くとどまることができなくなっていた。彼自身、誰が自分を追ってくるのかを説明できなかった。どんな強迫観念に駆られた話をしようが、彼がどこにいようが、マーゴは彼を見つけては自宅に連れ戻した。

「彼は自宅にも長くいられなかったの。すぐ、出て行ってしまって。でも、何度出て行っても、必ず見つけて連れ戻したわ。バブは、女の子とも付き合うようになっていたの。でも、すでに家族との関係が破綻していたから、彼女と別れることになると精神的なダメージが強いのでしょうね。人生には多くの人間関係があって、その全てがずっと続くわけじゃないよ、と彼に説明したのだけど。彼には前途洋々の人生があったわけだし。」と涙を流しながら話すマーゴ。

しかし、彼女の言葉が息子に届くことはなかった。そして、それに続いて信じられないことが起こった。

「息子が死んで一年も経たない間に、彼の友人三人が同じようにして亡くなったの。」と彼女は言う。全員が自殺。全て線路の上での自殺だった。

バブは三人の子を残して逝ってしまった。男の子が二人と女の子が一人。マーゴは、孫たちを彼女の幸福と呼ぶ。

息子の死後、マーゴは携帯電話の電源をオフにした。そして、ある日、何とはなしに彼女は携帯の電源を入れた。するとすぐに、バブの友人カルロスの母親から電話があった。

「彼女が唐突に「マーゴ、今、私、家の玄関にいるんだけど」と言うの。それで、彼女に大丈夫？と聞くと「だめ、大丈夫じゃない。今、荷物をまとめているところ。RCMPが来て、うちの子があなたの息子のところへ逝ってしまったって。」私が「どういうこと？」と聞き直すと「私の息子も逝ってしまったって。だから今玄関にいるの。助けに来てくれる？」と。彼女に「すぐ掛け直すから」とだけ言って、私はすぐに叔母に電話して事情を話しました。カルロスの母親が私に助けを求めてきてるけど、私にその元気はない、と。その頃、既にうつ状態がひどくて、六ヶ月間ほど家も出られる状態じゃなかったから。その時は、叔母が彼女を助けに行ってくれました。バンドが費用をカバーしてくれたので助かった。それで、カルロスを私の息子と一緒に埋葬しました。」

その後、さらにバブの友人二人が亡くなった。「その度に、卒倒しそうでした。それから三年しか経っていないのだけど、ここに至るまでこんなに時間がかかってしまって。」と彼女は言う。「まだ仕事にも復帰できないのですが、少なくとも、朝ちゃんと起きて、家族がみんな出かけたらすぐに家を出るようにしています。家にいると、トリガーになるものが多すぎて、信じられないくらい。自殺がどれほどの打撃を与えるかを知ってるつもりだったけど、バブがいなくなってからそれを実感しています。最初の二年間は自分を責めてばかりでした。もしこうしていたら、こんなことにはならなかったはず、と考えてしまって。」

先住民族社会に住んでいない人々にとって、自殺が日常生活の一部となっている環境で成長することが、一体どのようなものかを本当に理解することは困難だ。世界中の多くの先住民族社会で、人々は死が常態化した沼のふちに生きている。しかし、最も憂慮すべきは、若者の自殺率の高さだ。「死が人生になっている。」と南オーストラリアのエルダー、タート・サンズベリーが言う。(28)

ナタン・オベドは自殺の影響を嫌というほど知っている。ホッケーの選手として、またヌナツァブトとヌナブトではコーチとして、何人のホッケー選手や子どもたち、そして指導した子どもたちの親が自殺で亡くなったか、彼自身、数えきれなくなっている。二〇一六年七月二七日、ヌナビクのクヌジュアクで「イヌイット自殺予防戦略」が発表された。その策定を進めてきたのがオベドだった。これは現在、カナダにおける唯一の自殺予防戦略で、国、地域、コミュニティレベルでの取り組みの骨格となるものだ。プログラムの鍵は、一般的な危険因子を特定し、「イヌイット・ヌナンガット地域全体で共通する事象を基にしたイヌイット特有の自殺予防アプローチ」を作成することだ[29]。彼は、イヌイット・コミュニティの間には危険因子が特に多いことを指摘する。それは、母親の子宮にいる時から始まっているという。まず、アルコールにさらされる子が多い。そして、子どもが過密状態の家庭で育ったり、栄養失調や食料不安、ネグレクトや性的虐待を経験した場合、その危険因子は倍増する。親や近親者が自殺により死亡した場合、リスクはさらに高まる。

イヌイット・タピリイト・カナタミによると、ストレスの多い状況を経験してもその反応は、その人が持つ対処技術や、家族やコミュニティからの支援状況によって、異なる反応を示すという。保護因子としては、虐待のない安定的な家庭状況や独自文化との強いつながり、充実した教育などに由来する経験、行動、または遺伝的特徴があげられる[30]。しかし、こうした安定化の保護因子がない場合、抑うつや不安障害を発症しやすく、自殺につながる可能性は高まる。

「イヌイット自殺防止戦略」では、優先すべき分野として次の項目を挙げている。社会的公正の創出、文化的継続性の創出、新生児から始まる健康なイヌイットの子育て、生涯を通じたメンタルウェルネス・サービスへのアクセスの確保、未解決のトラウマと悲嘆の治癒、イヌイットの知と回復力を自殺予防のために活用すること[31]。また、自殺問題の中心には、健康と社会的公正の決定要因、すなわち医療、住居、安全な環境が欠如していることを明確に述べている。

米国では、ネイティブ・アメリカンの若者は「ドメスティック・バイオレンス、性的虐待、薬物依存、貧困にさらされる可能性が他のグループと比較して二倍高い」と推定されている。ワシントン州のチュラリップ部族裁判所の主任裁判官を務めるテリサ・M・ポーリーは、これらの要因が、先住民族の若者に、アフガニスタンで従軍した兵士が経験したのと同様のPTSD（心的外傷後ストレス障害）を発症させると主張する。[32]

ブラジルでは、大手多国籍企業と契約を結んだ、サトウキビ、パーム油、コーヒー生産の農場経営者が、先祖伝来の土地から先住民族を強制的に排除し続けている。ブラジル先住民は七三万四〇〇〇人（総人口の〇・四％）、西欧との接触が始まった一五世紀時点の約五〇〇万人から減少の一途をたどっている。ブラジルには現在五四の先住民族しか残っていない。[33] 今日に至るまで、ブラジル社会において先住民族は継続的な攻撃、排除、ネグレクトに直面している。二〇〇七年以降、殺害された先住民の数は八三三人、前章で述べたように、三五一人が自殺により死亡している。[34]

ジャネット・モレイスは、リオグランデ連邦大学で法学を専攻するグァラニ族の学生だ。彼女が生まれ育ったブラジル北部の保護区は、先住民族の権利や環境保護法が強化されるようになった一九八八年の憲法改正以前に設置されている。彼女は、民族が自分たちのスペースと土地を持てたことは本当に幸運だったという。しかし、都市部にある大学に通学する道すがら、彼女は道路脇で最貧状態で暮らすグァラニ族の人々を目にする。「路上生活者になっているのです。」とモレイスは言う。「住む場所がないから。」

先住民の学生や大学教授たちがこうした同族の人々のために資金集めを続けてきたという。モレイスは、それでも継続的なトラウマと社会的疎外に直面して、彼らの生きる意志が弱体化していると危惧する。「何か悪いことが起こると彼らの精神が弱くなり、真っ先に思い付くのが、自分の命を絶つことです。精神的にも心理的にもかなり弱っています。」と彼女は言う。大地から切り離されたことによる喪失感。生きるため、自らの領土を守るための終わりなき戦い、政府の無策、依存症などの問題すべてが、犠牲者を次々と生み出す。

現在三五歳のモレイスも、人生の困難にぶつかっては何度も自殺を考えたという。しかし、シャーマンである祖父との強い精神的つながりが彼女を生かしてくれたという。[35]

一九八〇年代以降、「自殺クラスター」の増加についての研究報告が増えている。自殺クラスターとは「時間、空間、病因上の連続性が認められる模倣による連続自殺」と定義されている。[36]コミュニティの中で自殺が普通のことになると、それは今、目の前にある選択肢となる。周りで多くの人が死んでいくのを見ながら成長する子どもたちにとって、自殺はもう一つの選択肢となる。北米では、ホピ族、ナバホ族、プエブロ族、フラットヘッド族、ウィンドリバー族で、またオンタリオ州北部のコミュニティやイヌイットの間でも、この現象が起きている。[37]二〇一六年四月一〇日、オンタリオ州北部のアッタワピスカット・ファースト・ネイションで、九歳から一四歳までの子ども七人が、自殺目的の薬物過剰摂取で、コミュニティ内にある一五床の病院に搬送された。二四時間以内に、一一件の自殺未遂事件が発生していたのだ。[38]

また、適切な医療を受けられないことや、カナダのイヌイットのような例外を除いて政府による疫学的追跡がなされていないことから、先住民の自殺の実態報告には、過少報告や不正確さという問題もある。[39]

『カナダ精神医学報』に報告された研究で、二〇〇八―二〇一〇年にファースト・ネイションズ地域保健調査が実施したデータから、過去に寄宿学校に通っていた世代が身近に暮らしていることと、「生涯にわたる自殺念慮のリスク増加」との間には関連性があることが示されている。家族に二世代にわたって寄宿学校に送られた歴史がある場合は、「寄宿学校出身が一世代だけの家族との比較で、自殺未遂を報告する」確率が高かったという。これらの調査結果は、寄宿学校でのトラウマに家族内で世代を超えて晒されることとで自殺念慮が高まるリスクと、「世代を超えた自殺企図に関する累積リスク」の関連性を示すものであろう。[40]

カナダの若者の自殺に関する研究の第一人者、ブリティッシュ・コロンビア大学のマイケル・チャンドラーとビクトリア大学のクリストファー・ラロンデは、ブリティッシュ・コロンビア州内の二〇〇ほどのファースト・ネイションズを対象にした研究から、先住民の若者が自ら命を絶つ割合は、非先住民の若者よりも五倍から二〇倍も高いと指摘する。一〇年の累計を見ると、「ギザギザの鋸の刃のように」若者の自殺率はコミュニティによって大きな差が見られた。[41]

サスカチュワン大学のジャック・ヒックスは、チャンドラーとラロンデの研究は、コミュニティごとのトラウマと性的虐待のレベルをさらに調査すべきだったと指摘する。チャンドラーとラロンデが収集したデータは、一九八七年から一九九二年の間にブリティッシュ・コロンビア州の一九六のファースト・ネイションズを対象にしたものであるが、若者の自殺の九〇%は、調査対象となったバンドの一割に当たるコミュニティ内で発生しているのだ。「全国平均の約八〇〇倍という驚愕の数字を示すコミュニティもあれば、自殺が全く見られないコミュニティもある。[42]」とヒックスが指摘する。しかし、自殺未遂や自殺の考え、自殺念慮については測定されていない。

「もし、その地区で自殺による死亡者が五年間でゼロだとして、その地区には「自殺という概念自体が存在しない」と言い切れるだろうか？　あらゆる人間社会は、現在も過去も、ある程度の自殺行為を経験している。先住民族コミュニティがそうであっても不思議はないのでは？」とヒックスは問う。「ごく少人数の集団であれば、自殺による死亡者が五年間でゼロということも十分に考えられるが、それでも、ある程度の自殺の考えや自殺未遂があった可能性は高い。(43)」

先住民族コミュニティの多くが抱える社会経済的な現実も、性的虐待などの幼少期に起こった有害事象とともに、自殺要因として除外することはできない。

マイケル・チャンドラーとクリストファー・ラロンドは、思春期や一〇代の成長期の大部分は、自己発見の旅であり、帰属意識の探求であると論じる。

子どもたちは誰しも、自分探しに苦悩する時期を経る。自分が何者なのか、世界のどこに自分の居場所があるのか、探し求め、葛藤する。しかし、先住民の若者は特に重い課題を抱えてしまう。個人的な過去とコミュニティの過去とを調和させることができず、その結果、未来は良くなるという感覚を持ちづらくなる。(44)そして、過去やコミュニティとの文化的つながりや帰属感覚がなければ、「人生は価値のないものとなり、自殺の可能性が人生の選択肢となる。」自分の文化が「社会から排除されたり、破壊されたり、嘲笑の対象になろうものなら」、そして、植民地化によって自分のコミュニティが「犯罪者のような扱いを受けたり、法律によって抹消されたり同化されて見えない存在にされたとしたら、成人になりつつある若者にどのような災いがもたらされるか」[45]容易に想像がつくだろう。

レスリー・ボンショーは、チャンドラーとラロンドの理論を検証している。ボンショーは、ストーロ・ネイションを構成するコミュニティの一つ、ティーシャン・ファースト・ネイションのメンバーだ。ボンショーは、フレイザー・バレーの先住民族コミュニティの間で若者の自殺が急増していた時期に、フレイザー保健局で先住民保険部長を務めていた人物でもある。二〇一二年、ストーロ・ネイションでは、若者が六ヶ月の間で七人も自殺し、さらに自殺未遂も多数発生していた。[46]同じ頃、イースト・バンクーバーでもスーサイド・パクトの疑いが発覚し、一二歳から一五歳までの二四人の子どもたちが自殺の危険があると診断され、入院措置が取られた。ブリティッシュ・コロンビア州南部では、若者の自殺が蔓延していたようだ。[47]

ボンショーは次のことに着目する。これらのコミュニティでは、つながりの喪失を経験しているのだ。文化、言語、子ども、あらゆるものが奪われた過去の歴史が、ブラックホールのようになっていた。彼女は、チャンドラーとラロンドの理論は正しいのではないかと考え続けた。仮に、文化、伝統、言語の復活を通じてコミュニティに誇りを取り戻すことができたとしたら、若者の自殺率を下げることができるのではないか。ボンショーは、ブリティッシュ・コロンビア州が策定した若者の自殺防止戦略を探してきて、それを元に、シーバードを含むフレイザー・バレー地域の先住民族に特化した政策づくりに取り組んだ。

カナダでもオーストラリアと同様、家族から子どもを「すくいだして《スクープ》」白人の里親に預けることが問題になっており、ブラジルでもその頻度が増えているという報告がある。カナダでは、今日、児童福祉制度によって保護されている先住民の子どもの数は、最盛期の寄宿学校在籍者数よりも多いと言われている。「六〇年代スクープ」という言葉は、パトリック・ジョンストンが著書『先住民の子どもと児童福祉制度』の中で造語したものだ。その中で、彼は、ブリティシュ・コロンビア州でソーシャルワーカーとして関わった女性（現在は退職）との会話を記録している。彼女は、先住民の子どもたちは定期的に親から「すくいだされていた」と証言する。彼女も同僚も、それが子どもたちのためになると信じて仕事をしていたという。ジョンストンがその女性にインタビューしていると、彼女はそれがひどい間違いだった、と涙ながら認めている。[48]

一九五〇年代初頭までに、カナダ連邦政府は先住民の子どもに対する寄宿学校への強制入学を取りやめるようになっていた。しかし、政府は依然として、子どもたちには教育は必要であると考え、その役割を州の公立学校制度に委ねることにした。しかし、先住民の子どもたちは、社会のマジョリティが通う公立学校の近くに住んでいるわけではない。そこで、一九五一年、連邦政府はインディアン法を改正し、各州に先住民族コミュニティの児童福祉や保護などのサービス提供を委任することにした。州はそのための予算を受け取るようになった。予算は潤沢に用意された。[49]

その結果、一九六〇年代には、児童福祉制度の下に置かれる子どもたちの数が激増した。児童福祉従事者は、先住民族の文化に関する知識やトレーニングも受けぬまま、先住民族家庭から子どもを引き取り、里親に預けるようになった。ワーカーたちは、自らのヨーロッパ系カナダ人の生活様式や価値観を元に、先住民族家庭で育つ子どもたちの状況を判断する。家庭訪問した際、彼らの食料が狩りで仕留めた動物やベリー類、野菜類であるのを目の当たりにし、さらにそこに貧困や依存症など、居留地内に広がる社会問題を目撃した場合、子どもたちが危険にさらされていると思い込み、コミュニティの誰にも知らせずに子どもたちを連れ去って行ったのだ。例えばブリティッシュ・コロンビア州では、先住民の子どもが州の管理下に置かれた場合、ソーシャルワーカーがバンド評議会に届出提出を義務付けられるようになったのは、一九八〇年になってからの事だ[50]。

その結果、子どもたちは親やコミュニティから引き離されたことのトラウマに苦しんだだけでなく、自らの文化からの突然の断絶や、自己形成期における途絶というダメージも抱えることになったのだ[51]。

子どもを「すくいだす」政策は今日もなお続いている。ファースト・ネイションズ本会議のペリー・ベレガード議長は、現在四万人の先住民族の子どもたちが国の保護下にあると推定する。カナダでは、四歳未満の子どものうち先住民が占める割合が八％未満であるのに対し、里親の元で養育されている就学前児童で、先住民の子どもの割合は五一・二％に上る。カナダの先住民族サービス担当大臣ジェーン・フィルポットは現在のシステムは非を認めることのない「意固地な仕組み」と批判する。危険にさらされている子どもたちの不安を気遣うのではなく、児童保護制度は家族内に問題が生じるのを防ぐことに焦点を当てるべきだ、と彼女は考えている。二〇一八年一月、彼女は家族が一緒に居られるようにするための六項目からなる新たな計画を導入した[52]。

ブラジル人ジャーナリストで、南バイア大学の人類学者であるスペンシー・ピメンテルによると、ブラジルでも先住民族の子どもたちが家族から引き離され、白人家族の元に置かれることが増えていると言う。「経済危機が発生し、収入が途絶えた家族は、フードバンクのような仕組みを利用するしかない。」と、ピメンテル。「しかし、こうしたプログラム自体が削減されており、当局は子どもたちを連れ出しては、白人の養子にしている。これは文化的な問題でもあります。[53]」

植民地化されたすべての先住民族コミュニティは、世代を超えてトラウマと格闘している。一八五〇年から一九八〇年頃まで、サーミ族は同化政策に苦しんできた。これは、国民国家の登場により、特にノルウェーにおける「ノルウェー化」を確固たるものにするために策定されたものであった。一九世紀、このような「調和政策」は目新しいものではなかった。フィンランドやバルト諸国では「ロシア化」政策があり、中央ヨーロッパではプロイセンの政治家でドイツの初代首相オットー・フォン・ビスマルクが「ゲルマン化」を打ち出している。その後、冷戦時代においては、同化政策は国家の安全保障政策として正当化されてきた。[54]

一世紀以上にわたり、ノルウェーはサーミ族の同化に力を注いできた。この政策の骨格は、言語と文化の根絶による民族浄化、ノルウェーの学校制度による再教育、そしてキリスト教化を推進することだった。ノルウェーの社会人類学の創始者であり、サーミ文化研究の第一人者であるハラルド・イーディハイムは、特に戦後期に、ノルウェーのサーミ族に影響を与えた重要な問題の一つが、一般の人々の認識であったと主張する。サーミ族は「物乞いばかり、古臭い、反動的、そして多くの場合、異教徒」と見なされてきた。その結果、サーミ族の子どもたちが学校で恥辱的な扱いを受け、社会全体がそれを増幅するようになると、サーミ族の人々は彼らの文化や伝統を隠すようになった。[55]否定的なステレオタイプや無神経な表現は、今も根強く残っている。二〇一五年、フィンランド航空とフィンランド観光協会が、伝統的な衣装をまとったサーミ族の人々が、シャーマン的な儀式の最中に火の周りを踊り回る姿を描いた広告を制作した。俳優はサーミ族出身ではなく、舞台装置や小道具も作り物だ。ソーシャルメディア上の批判的な声を受けて、現在そのビデオはインターネット上から削除されている。[56] しかし、こうした否定的イメージが社会に投影されたことで、サーミ族の人々は無力感、絶望感、そして否定的な自己イメージに苦しんでいる。世界中の周縁に追いやられた先住民族と同じように。[57]「ただ、うろうろしているだけじゃないと伝えてくれ。」サーミ族の牧民が、イギリス系カナダ人の民族学者ロバート・ペインに語った有名な言葉だ。ペインは一九五〇年代から一九六〇年代にかけて、一四年間、サーミ族の文化を研究していた。[58]

詩人で、ヨイクと呼ばれる伝統的なサーミの歌の歌手としても有名なサイモン・アイサット・マライネンは、彼の二人の兄グストゥ（二九歳）とハイカ（二二歳）が同じ年に自殺によって亡くなり、一万三〇〇〇頭のトナカイの群れを管理するため、実家に呼び戻されたという。トナカイを管理する中心的な役割を果たしていた兄グストゥが、二〇一四年一月初旬に自殺すると、一一月にはもう一人の兄ハイカが後を追った。[59]

グストゥは楽天的な性格だった、とサイモンは言う。彼は決してそんなことをするはずはない、起こり得ないと。しかし最終的に彼は、丘の上にいたとトナカイの群れの中で、ひとり命を絶った。

サイモンは、夏は四輪バギーに、冬はスノーモービルにまたがって、渓谷やフィヨルドの上をトナカイの群れと一緒に走っている。「トナカイとずっと一緒にいたこともなかったのに、引き受けなければならないから、今では毎日トナカイと一緒さ。」と彼は言う。「音楽でキャリアを積み、世界中を旅するのが夢だった。まあ、世界中を旅してきたけどね。バンドと一緒にヨーロッパやボツワナ、中国にも行ったけれども、もうその機会はないだろうね。」現在、彼は三人の子どもをもうけて家族で暮らしている。

トナカイ遊牧民の生活は生易しいものではない。動物たちに国境はないのに、ノルウェー政府は牧民たちがスウェーデン領から海岸線に続く伝統的な道を北上するのを阻止しようとする。ノルウェー政府は歴史的に、私有地に不法侵入した牧民に罰金を課してきた。サイモンの家族は五七万五〇〇〇ノルウェー・クローネ〔約七〇〇万円〕の罰金をこれまでに払ってきたと言う。政府はまた、ヨーロッパ人観光客向けのコテージを建設するために、こうした伝統的な放牧地を開発業者に売り払っている。

「動物のためにこの土地が必要だ。土地なしでは生きていけないよ。」とサイモンは言う。「両親はとても心配している。もう歳だし。姉妹が二人いるけど、トナカイと一緒には暮らせない。家族全員が四方八方から圧力を受けているね。サーミ族としての人生を生きるのも簡単じゃないよ。トナカイ遊牧民を信じる人はいないし。誰も自分たちのことを信用しない。一番上の兄はいつもポジティブで元気な人だったのに、ある日、突然逝ってしまった。彼は自分で人生を絶ってしまった。トナカイの群れの中で。」

「でも、自分の人生や文化を諦めることはできないよ。」と彼は言う。「人間は皆何かに属している。それがなければ、自分ではあり得ないから。」

4章　「息を吹き返せ」

二〇一八年一月二二日、外は猛烈な吹雪の中、オタワにある先住民族のための保健施設として開設されたワバノ・センター内では、ファースト・ネイションズ、イヌイット、メティの若者たちによるフォーラムが開催されていた。主催したのは、ノースウエスト準州ヘイリバー出身の姉弟が立ち上げた「We Matter」という先住民主導の非営利団体だ。ジェームズ湾のアッタワピスカットで若者の自殺が危機的状況になったことを受け、若者自身のエンパワーメントグループを設立しようとタンチャイとケルヴィン・レッドヴァースが考えたのだった。「We Matter」は、LGBTQ＋の青少年支援を提供する米国の「It Gets Better Project」に似たソーシャルメディアで、動画、アート、ライティングなどのマルチメディアを使って、先住民のロールモデルや賛同者から若者にポジティブなメッセージを送っている。

ワバノ・センターは、オタワのファースト・ネイションズ、イヌイット、メティのコミュニティを対象にした、包括的で文化的な保健サービスを提供している。この二万五〇〇〇平方フィートの美しい建物を設計したのは、著名な先住民建築家ダグラス・カーディナル。正面入り口の大きな石の階段、滑らかな曲線の構造は、カーディナル建築の特徴的なデザインだ。「水のフロア」と呼ばれるメインフロアは、妊婦の産前産後ケアや医療クリニック、儀式に使用されるシーダーロッジがある。階段を上って二階の「火のフロア」に行くと、巨大なドーム型の天井があり、天窓から入る光に照らされた美しいメディシン・ウィールが描かれている。階下を見下ろすと、赤と土の色調のフロアタイルがスターブランケットのパターンに配置されているのが目に入る。スターブランケットは伝統的に、誕生や結婚など人生の重要な節目を迎えた人に贈られるものだ。スターブランケットの中心に立って声を発すると、空間全体にその音が心地よく響き渡る。

「火のフロア」にある一番大きな集会室に、九〇人近くの若者、ファースト・ネイションズ本会議の議長ペリー・ベレガード、カナダ先住民族サービス大臣のジェーン・フィルポットを含む政治家や、Facebookの代表者が集まり、自殺が若者やそのコミュニティに与えた影響について語り合っていた。Facebookは、遠隔地の先住民族コミュニティでは、重要なコミュニケーション・ツールとなっており、オンライン上で自殺行動を検出する独自機能を開発しているためこのフォーラムにも参加していた。大きな円を描くように全員が座り、順番にマイクが回された。

ハリファックスのミクマク族コミュニティ出身のジェナは、最近、従兄弟が亡くなったと語った。不安と抑うつに苦しんでいたという。「彼は総合格闘家で、二〇歳、消防士でした。助けを求めていました。もし、文化的に適切なメンタルヘルス・ケアがあれば、彼は今日もここにいると思います。彼は（診療）に二ヶ月待たされた挙句、自らの命を絶ってしまった。でも、私たちは闘いをやめない。」

ノバスコシア州から参加していたミクマク族のローリが続いた。「ここにいる私たちの多くは、トラウマを経験してきています。性的暴力、身体的暴力、虐待。それらを家族や友人であるはずの人々から受けてきました。」

ブリティッシュ・コロンビア州から来ていた、ハイダ・グワイ族のマシューは、自殺を「われわれを引きずりこむような」暗闇に喩えた。「僕自身、何度も考えたことがあります。僕たちには皆一つの共通点があると思います。皆苦しんでいるという共通点。一三歳になる妹は行方が分からなくなりました。誰もが恐怖や羞恥心を隠しながら生きている。でも、もう一度希望を持たないといけない。愛する人や未来、そして家族のことを考えてみてください。」

オタワで育ったオジブウェ族のコーディにマイクが回って来た。「私は貧困の問題があると思います。路上生活を余儀なくされている人たちが多い。私も、何年もの間、麻薬やアルコールに依存していた時期があります。今は二五歳になりますが、家族に初めて会ったのが去年です。自分の家族に会うのに二四年もかかったのです。大人になってからも、自分は価値がなく、汚い人間だと思っていました。ここに自分の居場所はない、と。でも、エルダーが導いてくれる癒しの場に参加する機会があって、そのおかげで今ここにいることができています。」

オンタリオ州のミッドランドから来たダルトンは、親友を亡くした悲壮感について語った。「二年前、僕自身が自殺を試みたのです。両親もそれに気がついていたと思うのですが。その日、歩いて森に行こうとしたら、僕の親友がついて来ました。過量服用して死のうと思ったのだけど、彼女がいたおかげで、それは実行できなかったのです。僕が今ここにいるのは彼女のおかげなんです。でも、彼女が自分の命を絶ってしまって。去年なんですが、命の恩人である親友を亡くしました。今も、毎日苦しくてどうしようもないです。」

サスカチュワン州北部出身のダコタは救急隊員の仕事をしている。彼によると、若者が自殺を考えているとき、よく九一一に電話をするのだという。「彼らは私たち救急隊員に助けを求めるのです。中には助けを求めて（病院に）運ばれて、二時間したら出てくる人もいます。なぜ病院は子どもたちを受け入れておいて、すぐに家に返してしまうのでしょうか。僕は、家の近くに彼らのための場所を作りたい。」そして、一息ついてダコタが続けた。「若い人たちに心肺蘇生をしながら願うんです。息を吹き返せ！と。」

すべての先住民族の国々には、独自のホリスティックな癒しの実践や伝統があり、呪術医が何世紀にもわたって身体、精神、霊性のケアを担ってきた。先住民族の世界観では、身体・精神・霊魂はすべてつながっていると考えられている。メディシンマンやヒーラーと呼ばれる呪術医は、スピリチュアルな指導者やカウンセラーとして、個人の身体、霊性、精神にバランスを取り戻し、そしてコミュニティ全体の健康にも責任を負う。病を抱える人がいれば、その人を全人格的に治療する。これとは対照的に、西洋医学では精神、魂、身体は個別に治療される。身体の場合は、それぞれの部位にまで専門家がいる。(1)

こうしたホリスティックな癒しの文化や民族の智慧とのつながりが断ち切られたのは、先住民族が自分たちの土地から強制的に排除され、遠隔地に移住させられたからである。子どもたちが家族から引き離され、寄宿学校や里親制度の下に送られたからである。インディアン専用の病院に隔離された時も、そこで人種差別的な態度の医師や看護師から治療を受けた時もそうだ。その結果、カナダ国内に限らず、先住民族の多くが西洋の医療制度に対して強い不信感を抱くようになっている。

一九四二年から一九五二年の一〇年間にわたり、六つの先住民寄宿学校で、ある栄養学上の実験が実施されていた。担当したのは、インディアン省の医療局長パーシー・ムーア博士、カナダ小児科学会会長で、乳児用シリアル「パブルム」の開発者の一人でもあるトロント小児病院の勤務医フレデリック・ティスダル医師だ。食品に関する歴史学者イアン・モスビーは、彼らの「実験」の詳細を調べその実態を暴露している。実験は子どもの栄養不良に関するもので、寄宿学校の子どもたちを被験者とし、リボフラビンやチアミンなどのサプリメントで十分な栄養が得られるかの人体実験が行われたという。そして、栄養不足により子どもたちは死亡した。親たちは、自分の子どもに対して行われた実験について何も知らされず、研究者たちは子どもが死んでも研究を続けていたと言う。これはニュルンベルク医師裁判で起こったことと一緒だ。二〇人のナチの医師が、ヒポクラテスの誓いに違反したとして有罪となった裁判だ。その後、一九四六年のニュルンベルク倫理綱領が策定されている。[2]

「この実験から読み取れるのは、連邦政府から派遣された植民者らが先住民族の人々をどう見ていたかという実態です。」と、二〇一三年にCBCラジオのインタビューでモスビーは語っている。「彼らは、自分たちの研究材料として先住民族の人々を物として扱っていました。そういうイデオロギーがまかり通っていたということでしょう。[3]」

オーストラリアでは、現在でもアボリジニやトレス海峡諸島の人々は、医療を受けることに消極的であると言われている。文化的に適切なケアが不足していることに加え、医療システムに入ることでコミュニティから引き離されることを恐れているのだ。[4] 政府機関に対する不信は、王立委員会が発表した報告書「児童性的虐待への機関としての対応」からも読み取れる。アボリジニとトレス海峡諸島のサバイバーたちは、寄宿施設やミッションで受けた虐待について委員たちに語っている。それは、日常的な屈辱に満ちた、文化やアイデンティティが損なわれるような暴力的な環境だったと。身体的、精神的な暴力に加え、性的虐待も常態化していたという。また、こうした虐待は、少年鑑別所や自宅外での留置所でも見られた[5]。

二〇世紀に入ると、オーストラリアのベルニエ島とドーレ島に、性病を治療するという名目でアボリジニの女性を入院させる「収容病院」が設立された。こうしたやり方は宗主国英国ですでに行われていた。英国では、伝染病法のもとで、売春婦と疑われた女性は軍病院に収容されていたのである。メルボルンとブリスベンには、売春婦と疑われる女性専用の病院があった。ベルニエ島とドーレ島のそれは、アボリジニとトレス海峡諸島の女性専用で、警察に捕まるか強制的に自宅から連れ出されて収容されていた。そこで彼女たちは侵襲的治療〔身体的な負担の大きい治療〕の実験台となり、多くが命を落としている。ヤマジ族出身の研究者であるロビン・バリントン博士によると、収容病院は「特例法により、女性たちを投獄し、隔離し、人類学的調査そして医学実験の対象とすることが可能な場所」だったという[6]。

オーストラリア政府は、標準以下の医療措置、子どもの連れ去り、差別的な扱いの常態化という過去を連想させるため、先住民族の人々にとって社会サービスを利用すること自体が、トラウマ的な体験であると認めている。こうした歴史的背景もあり、アボリジニとトレス海峡諸島の人々は病状が最悪の状況になるまで治療をためらってしまうのだ[7]。

メンタルヘルスに関する問題を病院で治療することは、アボリジニやトレス海峡諸島の人々にとって「特に不適切な」ものとなるだろう。特に、農村部に住む先住民族にとってはそうである。オーストラリア中部に暮らすアボリジニの人々を対象とした調査によると、九〇%の人々が病院以外でのケアを希望していたという。非アボリジニの人々が病院以外を希望する割合は四七％である。多くの先住民族にとって、コミュニティを離れて都市部の病院で治療を受けることは、今日でもトラウマを引き起こしやすいのだ[8]。

現在、アメリカン・インディアンとアラスカ先住民の約三分の二が都市部に暮らし、三分の一の人々が医者や医療機関にたどり着けないでいる。ネイティブ・アメリカンの三分の一が健康保険に加入していないのだ（白人アメリカ人の健康保険非加入率は一一％）[9]。米国連邦政府は、インディアン保健サービス（ＩＨＳ）を通じ、政府が承認する五七三の部族に属するアメリカ先住民に対して医療サービスを提供している。ＩＨＳによる「包括的な」健康保険でカバーされるのは、三七〇万人の全先住民のうち二二〇万人だけだ。ネイティブ・アメリカンの平均寿命は非先住民よりも五・五年短いと言われている。アメリカン・インディアンとアラスカ先住民は「不十分な教育、不均衡な貧困、保健サービスの提供における差別、文化的な違い」により健康的な生活を送ることができておらず、これらは「経済的な逆境や劣悪な社会状況に根ざした幅広い生活の質の問題である[10]」

人が生まれてくる社会的条件、つまり、どこに住み、どう育てられ、学び、成長するか、こうした条件は全ての人の健康状態に影響を与える[11]。収入や雇用、日々の食料や住居といった社会的公正なしに、先住民族の子どもたちは、安心感や人間としての尊厳も持てず生きて行かなければならないのだ。

マイク・カールー医師が、スー・ルックアウト空港まで私を迎えに来てくれた。外気温がマイナス四〇度にまで下がり、レンタカーが動かなかったからだ。スー・ルックアウトでは、冬の間、車は一晩中電源に接続しバッテリー液が凍結しないようにしないといけない。マイクが、氷のブロックと化したトヨタ車に鍵を突っ込むが、ビクともしないので思わず笑い声をあげる。ハンドルも動かない。全てが凍って打つ手なしだ。

結局、彼の車で移動することになり、急いで車に乗り込んだ。雲一つない青空から太陽が差し込むが暖かさは全く感じない。マイクは美しいビーズのついた分厚いムース皮のミトンを取り、ビーバーの毛の帽子を後ろに押しやって、車のエンジンをスタートさせると、シートウォーマーをオンにした。ボブ・マーリーの曲がかかった。レゲエの滑らかな音色は、この地と比べて約八〇度ほど暖かいであろう彼の地を彷彿させてくれる。カナダの厳しい冬には不可欠な解毒剤。

医師であるマイクは、スー・ルックアウトで暮らしながら仕事に一生を捧げてきた人物だ。彼がこの地にやってきたのは偶然だった。当初は、ジェームズ湾沿いのムース・ファクトリーへの赴任を希望していたのだが、研修医プログラムが既にいっぱいで、代わりにスー・ルックアウトに来ることになったという。一一年近く、オンタリオ州北部に蔓延する自殺問題に取り組んできたが、終わりが全く見えないと、マイクは話す。彼は、カナダ北部の辺境地で人々の健康が危機にさらされることがあれば、マイナス四〇度の冬の夜であっても医療用輸送プロペラ機に飛び乗って駆けつける、地域で唯一の医師だ。彼は、ワペキカ出身の二人の少女、ジョリン・ウィンターとシャンテル・フォックスの幼い時をよく知る人物でもある。彼が日々目にするのは、教育、基本的な福祉サービス、安全な環境、雇用といった健康の決定要因の欠如である。そして、それがコミュニティをいかに弱体化させているかを現場で目の当たりにしている。

「じゃあ、五ドルで町案内しよう。」笑いながらマイクがすかさず訂正する。「いや、やっぱり四・九九ドルにまけておこうかな。」

オンタリオ州スー・ルックアウトは、サンダーベイとウィニペグの中間に位置する人口約五〇〇〇人ほどの小さな町だ。北はハドソン湾から南はメキシコ湾、西はコロンビア川、東はセントローレンス川まで延びる湖や水系に囲まれた、カナダ楯状地の上にある。この地域で発見された木炭の炭素年代測定からは、過去八〇〇〇年もの間、スー・ルックアウトにはさまざまな先住民族が暮らしていたことが証明されている。[12] スー・ルックアウトの名は、ペリカン湖近くの丘の頂上に由来する。物語によると、ギチガミ（スペリオル湖）周辺に住んでいたオジブウェ族は、西部の平原に住んでいたスー族から常に攻撃を受けていたという。ある日、オジブウェ族は反逆の作戦を立てた。彼らの見張りが高い場所からフロッグ・ラピッズの流れの中にスー族を見つけると、下流にキャンプを張っていた仲間に警告を送った。スー族が河岸に上陸すると、待ち伏せしていたオジブウェ族との大きな戦いが始まった。スー族は、一人の少年を除いて全員が溺死したか殺されたという。[13]

今日のスー・ルックアウトは、絵に描いたような美しい町だ。夏にはアメリカ人の釣り愛好家や余暇を楽しむ人々がたくさん訪れる。通年で暮らしている林業関係者や医療従事者も多い。夏場は一日中、水上飛行機がペリカン湖に着陸し、ティムホートンズではドライブスルーに並ぶピックアップトラックの列が途絶えることがない。しかし、町一番のコーヒーとドーナツなら、ロイ・レーン・コーヒーだ。スー・ルックアウトのメインストリート、ファーストアベニュー北としても知られている、活気のないフロント通りの端にある。静かな町だけに、カナダ国鉄の大陸横断路線に沿って頻繁に走る電車の音が耳につく。ラック・スール・ファースト・ネイションは、町から約四〇キロメートル離れた場所に居留地があり、フレンチマン・ヘッド、ケジャック・ベイ、ホワイトフィッシュ・ベイの三つのコミュニティで構成されている。

私たちは七番街の通りを北上し、クリーム色の低層ビルの横に車を停めて外に出た。その建物は開口部が板で覆われており、進入禁止の標識が貼られていた。凍った雪の上を歩いて玄関先まで近づくと、診療時間を記した看板が残っていた。

ここは旧「ゾーン病院」だとマイクが教えてくれた。しばらく立ち止まった後、「ここは、インディアン専用の病院だったところなんだよ。」と言う。

一九二〇年代に、カナダ政府はインディアン専用の隔離病院を設立し始めた。地域の診療所や都市の病院が、先住民患者を治療することを拒否したり、病棟や地下室など換気の悪い場所に先住民患者だけを隔離したりするようになっていたからだ。先住民患者は「貧民」として扱われ、地域社会の厄介者として社会から疎外されてきた。[14]

一九世紀から二〇世紀初頭にかけて、さまざまな修道会の宣教師がインディアン専用の結核療養所を設立し、その後、政府に引き継がれ、後に先住民のための病院に転換されてきた。[15] 一世紀近くもの間、先住民が結核に感染するとより重症化すると広く信じられてきたのだった。カナダ公衆衛生協会によると、一九三〇年代から一九四〇年代にかけて、結核による死亡率は一〇万人あたり七〇〇人で、これまでの報告の中で最も高い。先住民寄宿学校に通う子どもの結核による死亡率はさらに悪く、一〇万人あたり八〇〇〇人が死亡している。[16] 寄宿学校の子どもたちは、常にネグレクト状態で暮らし、不適切な服装と食事しか与えられていなかった。子どもが体調不良を訴えても無視されるか、校内の看護ステーションに連れて行かれたとしても、適切な投薬や十分なケアは提供されなかった。

一九〇七年、カナダの公衆衛生の最高責任者であったピーター・ブライス博士は三五の先住民寄宿学校を訪れ、過密で不衛生、換気の悪い施設環境を報告している。「マニトバ州と北西準州のインディアン学校に関する報告書」の中で、ブライスは「一五三七人の児童のうち二五%近くが死亡したと報告を受けた。完全に正確な報告が提出されたある学校では六九%の児童が死亡しており、どこの学校でもそうだが、死因のほとんどが結核である。」と指摘している。彼は子どもたちの死亡率の高さの責任は、学校を運営する教会並びに政府役人にあると糾弾した。[17]

インディアン省長官のダンカン・キャンベル・スコットは、先住民の子どもたちが結核により記録的な数で死亡していることを知っていた、と認めている。それでも、ブライス博士が再三要請してきた支援を、彼はことごとく拒否した。「インディアンの子どもたちは、密度の高い寄宿学校で生活することにより病気に対する自然の抵抗力を失ってしまったため、故郷の村にいるよりは高い確率で亡くなるのは致し方ない。しかし、この事実をもって、インディアン問題の最終的な解決に向けた本省の政策変更が必要とは考えない。」スコットはその後、ブライス博士の研究予算の停止や、これまでの評判とキャリアを貶めるようなキャンペーンを開始した。一九二一年、ブライス博士は政府の職を失う。[18] スー・ルックアウトにあるインディアン病院が開設されたのは一九四九年のことで、一九九八年まで使用されていた。「アパルトヘイトがここに存在したんだよ。」とマイクが言う。アパルトヘイトとは、アフリカーンス語で「分離」を意味する。[19] 一九一三年、南アフリカ政府は、黒人を特定の居留地に追いやるこことによって人種隔離を行う原住民土地法を可決した。黒人が土地を耕すことも違法とされた。[20] この人種差別政策は、それに反対する黒人解放運動組織である「南アフリカ先住民会議」を生み出し、一九二三年には「アフリカ民族会議」と名称を変え政治政党となっている。一九四八年に「国民党」が政権を握ると、一連のアパルトヘイト法を成立させた。有名な法律の一つに「人口登録法」がある。バンツー（黒人）、カラー（混血）、アジア（インド人またはパキスタン人）、あるいは白人という人種グループ別に、人口の登録を義務付ける法である。この人種の分類をもとに、あらゆる法律、それに付随する特権が生じた。黒人は隔離された居留地のみに住み、公共施設への出入りを禁じられた。また、教育水準は総じて低く、白人コミュニティに出入りする際には許可証を取る必要があった。[21] 研究者によると、アパルトヘイトの様々な政策を実施する前に、南アフリカの国会議員らが実際にカナダに行ってインディアン法について調べていたと言う。[22]

インディアン病院の歴史が証明するように、カナダでは先住民の健康と福祉は、先住民以外のカナダ人の健康とは決して同等ではなかった。今日も同等ではない、と私は考えている。インディアン病院が設立された要因の一つは、地元の病院が先住民の結核患者を受け入れたり、治療費を出し渋ったからである。連邦政府のインディアン省は、結核の蔓延を食い止め、先住民の罹患者を治療するため、別の病院を開設することをしぶしぶ始めたのだ。一九六〇年までに、全国には二二のインディアン病院が稼働していた。[23]

二〇世紀初頭、人種によって患者を分離する病院や病棟がカナダ西部で急増していた。それは、先住民患者を対象にしたものではなかった。バンクーバー総合病院には「H区」と呼ばれる中国人と日本人患者専用の病棟があった。一九四〇年代には、中国人の結核患者は、バンクーバーのセント・ジョセフ・オリエンタル病院に運ばれた。その病院では、患者はトイレ掃除をさせられ、ほとんどまともな看護を受けず、死の床にある患者は次々とキリスト教に改宗させられたと言う[24]。

インディアン病院で繰り返された恐怖と虐待は数知れない。先住民の患者は一般の白人から隔離されていただけでなく、病院がより多くの資金を得られるように、長期入院させられ監禁されていた。入院期間が長ければ長いほど、病院は連邦政府からより多くの資金を受け取ることができたのだ[25]。医療スタッフが適切な資格を持たないことも多く、旧陸軍の兵舎や医療施設として設計されていない建物を再利用して運営されていた。一九三〇年代、連邦政府は、サスカチュワン州のフォート・クー・アッペル・インディアン病院とマニトバ州のダイナーバー・インディアン病院の経費が通常の地域病院の半分で済むことに気がついた。それ以降、さらに多くのインディアン病院が設立されることになった[26]。

これらの医療機関はどこも酷い状況だった。病院は、結核に加えてその他の伝染病や感染症に苦しむ患者で溢れていた。ある医師は、女性と子どもで溢れる病棟を「病害虫の巣窟」と呼び、患者にとって自宅の方がまだましなのではと感じたと言う[27]。病院も看護師を見つけるのに苦労していた。安い給料で多くの患者を担当させられるからだ。ある病院では、七五床あたり看護師が一人という有様だった[28]。

加えて、有害な医学実験や疑わしい治療が患者に実施されていた。一九四九年から一九五三年にかけて、エドモントン郊外にあったチャールズ・カムセル・インディアン病院の医師らが、結核の治療のために三七四件の実験的手術を実施している。すべて局所麻酔下で行われていた。

当時一六歳だったブラックフット出身の患者は、医師が自分の肋骨を三本取り除く様子を見ていたという。「彼らはのこぎりを使った。意識がはっきりしていたからのこぎりの音を聞いた。」と、後に詳述している。「部位を取り除いた後、彼らは私に話しかけてきた。「よし、これから肋骨を折るぞ」と。」その男性は、さらに肋骨三本が取り除かれ、肺の一部が摘出されると、そこにできた空洞をワックスでつなぎとめられたと証言している。[29]

手術は痛みを伴い、多くの患者の患部は変形したままだ。マニトバ州の結核療養委員会の報告によると「三分の一が死亡、三分の一が半分回復、三分の一が治癒」したと言う。[30]

一九四〇年代には、ブリティッシュ・コロンビア州のプリンス・ルパートで、地域自治会連合を自称する請願者グループが、インディアン病院の設置を要求した。結核や性病にかかった先住民から地元住民を守るためだった。その後設立されたミラー・ベイ病院では、女性の結核患者は外出を禁止され、窓も壊れて開けられない状況だった。少年用の病棟にはベッドが二六、トイレが一つ、窓は一つもなかった。[31]

医学的虐待や実験が子どもたちに行われていた。フォート・クー・アッペル・インディアン病院では、親からの同意無しに、乳児を対象としたBCG結核ワクチンの治験が行われている。行儀が悪かったり、ベッドにじっと横になっていられない幼児には身体拘束も行われていた。中には、足をギプスで固定して動かせないようにしたケースもあった。[32]

一九五三年にインディアン法が改正され、先住民が医師の診察や病院への通院を拒否したり、退院前または適切な許可なしに退院を試みた場合は、罪に問われることになった。[33]グワエヌック・ネイション出身の作家ボブ・ジョセフによると、政府が「インディアンが感染症に罹患した際の強制入院と治療」

を強制することができるとする条項は未だに法律に残っているという[34]。

結核は一九五〇年代にイヌイットの間にも広がった。きっかけは、ハドソン・ベイ・カンパニーとそれに伴う入植者の到来だ。その一〇年間だけで、人口の三分の一が結核に感染したという。一九五〇年から一九六九年まで、医療従事者は健康診断を行うためイヌイットの領土に通った。感染したイヌイットは南部の病院に送られ治療を受けた。一九五六年までに、イヌイットの人口の七分の一がカナダ南部で治療を受けていたという。カナダ公衆衛生協会の記録によると「生きて帰れなかった者もいた。」という[35]。

結核患者が病院で死亡した場合、埋葬のために遺体を自宅まで運ぶ費用は家族が負担することになっていた。多くの人々にとってそれは可能な出費ではなく、今日に至るまで、愛する人の遺体の多くが、故郷から遠く離れた、墓標もない場所に眠ったままだ。

インディアン病院のほとんどは一九六〇年代に閉鎖されたが、その後も先住民の人々には十分な治療は提供されていない。一九八八年、当時、オンタリオ州北部のサンディ・レイク・ファースト・ネイションのチーフを務めていたジョシアス・フィドラーは、ピーター・グッドマン、アラン・ミーキス、ピーター・フィドラー、ルーク・ママキーシックの四人と共に、ハンガーストライキを行った。カナダ政府の保健福祉部門との関係悪化の結果、スー・ルックアウトにあったゾーン病院では、周辺の二八のファースト・ネイションズの患者が、標準以下の扱いを受けていることに抗議するためだった。この地域に住む一万八〇〇〇人の人口のうち、非先住民人口はわずか四〇〇〇人[36]。にもかかわらず、通訳サービスが不十分であることに加え、医療スタッフによる不十分な治療、緊急医療輸送の遅れが頻繁に起こっていることを訴えた。「不満だらけだ。」とフィドラーは地元メディアに語っている。[37]

この二日間のハンガーストライキがきっかけとなり、地域社会の状況とゾーン病院での治療についての実態調査が行われた。ニシナベ・アスキー・ネイションの元グランドチーフであるウォーリー・マッケイ、トロント小児病院の小児科医ハリー・ベイン医師、英国国教会の大主教エドワード・スコットによってまとめられた報告書が一九八九年に提出されている。報告書は、進学、仕事、治療を受けるためにスー・ルックアウトに移住してくるファースト・ネイションズの住民が増えた結果、この地域で「人種間の緊張」が高まっていると指摘する。[38]また、先住民族コミュニティ内で家族崩壊が顕在化していることも指摘されている。寄宿学校での経験、伝統的な精神性の喪失、メンタルヘルスに関する問題の深刻化、そして、若者の自殺が「憂慮すべき」レベルにあると述べる。[39]

調査報告書は、新たな地域病院の設立を勧告した。また、一九九五年までに、周辺の先住民族コミュニティに清潔な水と適切な下水処理施設、電力システムを利用できるようにすることを勧告した（現在も、実現には程遠い状況にある）。

一九九七年までに、ニシナベ・アスキー・ネイション、スー・ルックアウト町役場、オンタリオ州、そして連邦政府の四者すべてが新しい病院建設の合意に達した。二〇一〇年、スー・ルックアウト・メノ・ヤ・ウィン・ヘルスセンターがオープン。病院の理事会は、五名の先住民、五名の町民、二名の医師、一名の伝統的なヒーラーで構成されている。[40]六〇床の病院には、杉でできた円形のヒーリングルームが備わっている。天井はアニシナベ族の教え「フォー・ダイレクション」を示すように赤・白・黄・

黒で四等分に塗られている。建物には特別な換気システムが設置されており、スマッジのためにセージやスィートグラスを燃やすことができる。こうした伝統的な儀式によって、身体・精神・精霊を清めることも治療の一環と考えられているのだ。

この病院には、一〇〇床のホステルが併設されている。北部地域からプロペラ機でやって来る患者や解毒治療を必要とする患者が滞在する。この美しい新築の施設は、マイク・カールー医師が毎日の通勤途中に眺めてきた旧インディアン病院のすぐ先に立地する。「旧病院は植民地支配を常に忘れないようにするためのものかもね。」と彼は言う。

オンタリオ州北部の医療制度はまだ危機に瀕している。そして、それはオンタリオ州北部だけの問題ではない。先住民族の権利に関する国連特別報告者は、危機はカナダ全土に存在し、資金の大幅な改善と政策変更が切実に求められていると述べている。[41] 救済と変革の必要性は待った無しの状況だ。

トロント在住の依存症医学の専門家で家庭医であるアレキサンダー・カウデレラ医師と彼のパートナーである小児科医のアンドレア・エヴァンス医師は、毎年ほぼ四ヶ月をイカルイトで過ごしている。彼らがマギル大学の医学部にいた頃、他の医師たちは最新の医療技術を世界の辺境地で活用することをよく議論していた。しかし、これとは対照的に、アレキサンダーとアンドレアはヌナブトへ行くことの重要性を議論していた。そして、その機会が訪れると迷うことなく実行に移した。彼らが扱うのは自殺と自殺未遂だ。彼らは予防にこそ取り組まねばならないと考えている。が、対応するのはいつも事後になってしまう。「目から鱗が落ちることばかりでした。」とアレキサンダーは言う。「私たちは自分たちが住んでいる世界について十分理解していると思っていたのです。[42]」しかし、そうではないことに気付くのに時間はかからなかった。

アレキサンダーとアンドレアは、九歳から一五歳までの子どもたちに手を差し伸べることが重要だと考えている。「彼らは、何世代にもわたるトラウマを経験してきています。」とアレキサンダーが言う。「自殺は彼らの生活の一部となっていおり、日常的に使われる言葉としても定着するほどだという。「苦しみの言葉がやがて自殺の言葉に変わるのです。よく耳にするのは、「叔父が自殺した、祖父も自殺した」というような事。若い子の中には、それって普通のことでしょ、と言う子もいるぐらいです。」

しかし、コミュニティのメンバーは心を開いて自殺について語り始めており、それは前向きな一歩だ、とアレキサンダーは言う。対策はイヌイット自身で生み出し、彼ら自身で実践するべきだ。「良い解決策やアイデアが、同じコミュニティの中から出てきています。エルダーや子どもたち自身から。期待が持てるのは、人々が耳を傾け始めてくれた事です。」

先住民族の権利に関する国連宣言の第二四条二項は、先住民族は非先住民と同じ水準の医療を受ける権利を有すると述べる。(43) しかし、植民地諸国の多くでその議定書が履行されていない。オーストラリアでは、先住民の若者の四分の一に、喘息、難聴、皮膚障害などの長期にわたる病気や症状があると報告されている。また、都市部に住む先住民の若者の二〇％が、貧困に起因する中耳炎など炎症性疾患による難聴を訴えている。聴覚障害は、言語理解力及び学業成績に影響を与え、その結果行動上の問題につながる可能性がある。また、住宅不足は、子育てのための安定した家庭づくりを困難にし、結果的に児童福祉サービスが介入せざるを得ない状況が生まれる。政府の調査によると、オーストラリアの先住民の九五％が個人所有の住宅に暮らしているが、その四分の三が借家人であるという。「私は生活保護を受けており、高校に通う二人の子どもがいます。」とアボリジニの親の一人が言う。「学校に通うのだけでも子どもたちにとっては大変なことですが、頻繁に引越しをせねばならず、そのたびに学校も転校するので、子どもたちは常に不安定な状態です。(44)」

ブラジルでは、先住民族の子どもたちは依然として深刻な貧困の中で暮らしており、予防可能な病気で命を落とすことも少なくない。二〇一五年のユニセフの報告によると、先住民の子どもは、一歳になる前に死亡する可能性が非先住民の子どもの二倍という。また、学校に通っていない子どもが三〇〇万人以上いると言われ、その大多数が先住民族やアフリカ系ブラジル人のコミュニティ出身である。(45)

二〇〇五年のユニセフ報告には、ブラジルのマトグロッソ・ド・スル州では、グァラニ・カイオワ族に属する二五人の先住民族の子どもたちが栄養失調で死亡との内容がある。オンタリオ州北部と同様、幼い子どもたちが予防可能な病気で死亡しており、子どもの多くが貧血に苦しんでいる。ユニセフのラテンアメリカ・カリブ地域ディレクターであるニルス・カスバーグは、ラテンアメリカが世界の穀倉地帯であることを考えると、栄養失調は特に好ましくないと述べる。「ラテンアメリカは、世界の他の地域よりも一人当たりの食糧生産量が多いのに、子どもたちが飢えや栄養失調で死んでいくことは受け入れがたいことだ。(46)」

カナダでは、ファースト・ネイションズ《先住民族国家》の子どもたちの半数が貧困の中で暮らしている。ファースト・ネイションズの人々の平均寿命は非先住民グループと比較すると五~七歳短く、里親制度の下に置かれる先住民の子どもたちの多さは依然として重要な問題である。非先住民の若者の高校卒業率は八五%であるのに対し、居留地に住む先住民の若者の高校卒業率は三五%である「カナダでは高校までが義務教育〕先住民族コミュニティ内での結核罹患率は三一％と依然として高く、自殺率は全国平均の五～七倍である。[47]

先住民は刑務所システムにおいても収容人数が突出している。カナダの場合、成人と若者の受刑者のうち四分の一が先住民である。[48]オーストラリアでも、全人口に占める割合は三％に過ぎないアボリジニとトレス海峡諸島出身の先住民が、受刑者全体の二七％を占めている。[49]

さらに、先住民の受刑者はしばしば非人道的な扱いを受けている。二〇一五年一二月二九日、二六歳のアボリジニのデイビッド・ダンゲイ・ジュニアが刑務所内で死亡した。彼は、糖尿病とメンタルヘルス上の問題を抱えていた。シドニーの刑務所で刑務官にタックルされ、ベッドに拘束されて死亡した様子がビデオでとらえられていた。「息ができない、やめてくれ！」と喘ぐ声が聞こえるが、一二回ほど繰り返した後に息を引き取っている。[50]

二〇一六年、オンタリオ州人権委員のレヌ・マンダンの元に、サンダーベイ刑務所の看守から内部告発が届いた。アダム・カペイという名の先住民の若者が四年間、独房に監禁されているとの内容だった。マンダンがカペイとの面会を求めたところ、彼は本当に窓のないプレキシグラスの独房に監禁されていた。独房には毎日二四時間、眩しいほどの人工照明がついていた。長期にわたる孤立のため記憶を失い、人間との接触がなかったため話をするのにも苦労したという。[51]報道を受け、市民社会が抗議の声を上げると、カパイはようやく独房監禁から解放され、州による隔離措置の見直しが行われた。しかし、二〇一七年、ニビナミク・ファースト・ネイションのアーティスト、モーゼス（アミック）・ビーバーが、同じ刑務所内で意識不明となっているのが発見されている。彼も長期にわたるメンタルヘルスの問題と闘っていた[52]。

インディアン法を通じて、カナダ政府は先住民族の健康、教育、社会サービスのほぼすべてを管理している。一九九六年、これらのサービスについて政府予算の増加率上限を二％とするルールが導入された。ファースト・ネイションズの人口が二五％以上の増加にもかかわらず、それ以降も二％上限ルールは解除されていない[53]。一八六七年憲法によれば、先住民族は連邦の管轄とされ、連邦政府は、居留地に居住する登録インディアンと、ケベック州及びラブラドール州に居住するイヌイットに保健サービスを提供する義務があると、北ブリティッシュ・コロンビア大学のジョシー・G・ラヴォアは説明する。連邦政府は、居留地でのさまざまな医療プログラムや診療所に予算をつける。また、非保険者健康給付プログラムが、居住地を問わず全てのファースト・ネイションズ及びイヌイットの人々の医療保険をカバーすることになっている。

その対象には、歯科治療、処方薬、医療機関への搬送、メンタルヘルスのカウンセリングが含まれる。しかし、医療と病院でのケアを提供するのは州の管轄だ。その結果、予算の出所が連邦政府と州政府と複雑になり、適切な資金調達が難しくなっている。先住民族の行政組織が、連邦政府からの医療予算を受けて実質的に運用するようになりつつあるが、政策やサービスの格差、そして「管轄権の曖昧さ」は依然として続いており、医療の提供と利用の進展の妨げとなっている[54]。

一九八四年、連邦政府はカナダ保健法を制定した。この法は、保健医療サービスの財源を各州に配分する方法を定めたものである。その主な目的は「カナダの住民の心身の健康を保護し、促進し、回復させ、財政的あるいは他の障壁なしに保健サービスへの合理的なアクセスを促進すること」とある[55]。

しかしオンタリオ州北部では、この法が定める目的が何一つ実践されていない。マイク・カールー医師は、北部での医療の運営方法を実際に見て、ある特定の人々は最初からサービスを拒否されていることに初めて気づいたという。「システムが壊れているわけではないんだ。現状そうであるように、そもそも設計されているのだから。」

そして彼の患者のあるエルダーがこう話したという。「和解の話などできるわけがない。まずは権利について話をしないと。」マイクもまったく同感だ。「和解の目的は友達になることじゃないですよ。公民権がここで適応されないと。」

彼は、保健・社会福祉サービスシステムそのものが、構造的に先住民の子どもたちを疎外するよう設計されていると指摘する。子どもたちがソーシャルワーカーによって親元から引き離され、家から家へとたらい回しにされているのをずっと見てきた。彼は、四六回も居場所を移動させられたまだ幼い子を知っている。「こんなことをする、そもそもの考え方とは一体何なのか?」と彼は問う。「どうやってあの子に予防接種をするんだ?」繰り返し何度も、子どもたちは連れ去られ、親は助言や援助も与えられず放置される。「悪い親なんていないよ。」と彼は言う。「彼らは依存症なだけ。」

カナダで実施されている医療制度は、先住民の家族が日々経験している歴史的かつ構造的レイシズムに向き合うことなく設計されている。「みんな、先住民の家族は欠損家庭だと思い込んでるんじゃないかな。」とマイクが言う。「でも、私たちが問うべきは、どうやってこれらの家族を支え、家族一緒にいられるように支援するか、どうやって保護下にある子どもたちを支援できるか、ということであるべきだ。」

ようやく最近になって、カナダ連邦議会議員たちの間で、このシステムを先住民族が主導して再構成すべきとの考えが広まりつつある。ファースト・ネイションズ、メティ、イヌイットそれぞれの文化に適切なシステムへの改変は急務だ。二〇一七年四月、カナダ保健省はようやく、出産間近の女性に病院まで付き添う費用を負担することに同意した。これまでは、医師が付添人を要請しても、妊婦は一人で飛行機に乗り都市部の病院に搬送されていたのだ。付添人への旅費負担は、カナダ保健省の出先機関であるファースト・ネイションズ及びイヌイット保健部局によって、常に否定されてきたものだ[56]。連邦政府が、この変更を大偉業かのように発表したことについて、マイクの感想は「そんなの、革新的でも何でもないよ。先住民の人たちを傷つけないようになった、というだけのこと。医療と教育はニーズに基づいたケアがあって当然なのだから。」と、しごく真っ当なものだった。

マイクがブライアン・シンクレアのことを語った。二〇〇八年九月、ウィニペグの救急治療室で三四時間待たされた後、治療可能な膀胱感染で死亡した先住民の男性だ。シンクレアは両脚を切断していたため車椅子を使用していた。スタッフは彼が酔っ払いかホームレスで、救急治療室で時間をつぶしていると思っていたのだろう、と彼のいとこロバート・シンクレアが証言している[57]。シンクレアが嘔吐した時でさえ、彼の状態をチェックするために誰も立ち止まらなかったというのだ。シンクレアの死因審問では、六三の勧告が出された。すべての救急部門のフロアプランを見直し、トリアージデスクから患者の状態が見えるようにすること、救急治療室で待つ患者の意識状態が定期的にモニターされているか否かを保健当局が確認することが含まれていた[58]。

「この出来事の本質は、私たちは一体何を見ているのかということ。彼を見殺しにしたのは、私たちが見ていると思い込んでいるものに他ならない。」とマイクは言う。「気に留めないよう慣らされると、どんな状況においても無関心になれるのです。でも、そこにあるのは無関心という名の暴力です。」カナダ人が自問すべきはもっと深いことかもしれない。「なぜ私たちは気にしないでいられるのか、それこそが問題かもしれない。「私たちにできることは何だろう?」ではなくて。」と彼は言う。

キングフィッシャー・レイク・ファースト・ネイション出身で五人の子どもを持つソル・ママクワは、いつも慎重な話し方をする。彼は、オンタリオ州北西部選挙区キーウィティノンから州議会議員として選出される前、NANの主任保健アドバイザーを務めていた。彼は、NAN地域の医療改革の核心は、連邦政府からコントロールを取り戻し、医療の力をファースト・ネイションズ《先住民族国家》の人々の手に委ねることだと訴える。

ママクワの仕事をNANで引き継いだのが、ジョン・カットフィートだ。条約第九号に含まれるキッチンヌマイコシブ・イヌウワグ・ファースト・ネイションのバンド評議員を務めていた人物だ。保健医療改革の担当者として、ファースト・ネイションズ本会議の元議長オヴィド・メルクレディが率いる少数精鋭のチームの一員として、先住民族コミュニティへの医療提供のあり方を改革するために奔走している。彼と兄のジェイムズ・カットフィート(NANの健康政策とアドボカシーのディレクター)は、土地と環境の守り人として行動することが、人々の健康にとって不可欠であると信じている。オンタリオ州北部では、先住民とそれ以外の人々の医療の質の違いは明白だ。NAN地域のコミュニティには医師がいない。保健または看護ステーションの人員配置レベルは、コミュニティによってバラつきがある。

中には十分な設備もなく、支援もほとんどなく、訓練も不十分な職員が配置されているケースもある。その結果、多くのファースト・ネイションでは基本的な医療が不足している。医薬品の入手も困難で、糖尿病などの慢性疾患の治療や、X線装置などの診断機器も不足している。オンタリオ州の救急法では、救急車か救急ヘリの適時派遣が義務付けられているが、先住民族の居留地はその適応外なのだ。消防法や医療品質法も同様に適応外だ。「このような環境では、どんなものにも最低基準を設定しようがない。」とマイクは言う。

二〇一五年の春、カナダ会計検査院のマイケル・ファーガソンは、オンタリオ州北部とマニトバ州の遠隔地にある先住民族コミュニティは、州内の小規模・孤立農村地域では提供されているような、適切な医療へのアクセスがないと報告した。また、カナダ保健省が看護ステーションの定期的な検査と見直しを怠っていると指摘している。

ファーガソンは、連邦政府が資金提供する看護ステーションの実態調査のため、マニトバ州内の二二ケ所（うち二一カ所はカナダ保健省の看護師が運営、一カ所は先住民族コミュニティの運営）、オンタリオ州内の二九ケ所（二五カ所はカナダ保健省、四ケ所は先住民族コミュニティの運営）をサンプルとした。[59]ファーガソンは報告書の中で「看護スタッフやステーションの管理方法に不備があった。例えば、調査サンプルに含まれる看護師四五人中、カナダ保健省が必須とする研修コースを全て修了したのは一人だけだった。」と記している。[60]研修コースは五つあり、二次救命処置、小児二次救命処置、トラウマ救命処置、予防接種能力、そしてファースト・ネイションズの保健施設内における規制薬物の取り扱いをカバーする。[61]

会計検査院報告はまた、八つの看護ステーションで、健康と安全あるいは建築基準法に関する三〇の規制のうち二六に欠陥があったにもかかわらず、カナダ保健省がこれらに対処していなかった事例を指摘した。例えば、冷暖房システムが適切に作動していない、安全でない階段、スロープ、ドアなどが含まれた。保健師らが滞在する宿泊施設の簡易浄化槽が二年以上も汲み取りされていなかったため宿泊施設として使用することができず、保健局の担当者が検査のためにコミュニティを訪れるのを拒否していた実態も明るみに出た[62]。

看護ステーションは、患者に適切な医療を提供する入り口として重要な役割を果たす。看護師はそこで病状を評価し、さらなる治療、セラピストや専門医の診断が必要と判断すれば、患者輸送の手配をする。小型チャーター機による患者の輸送は、カナダ保健省の医療給付つき医療輸送プログラムの一環として行われている。しかし、この医療輸送プログラムの職員がNAN地域の患者の搬送を拒否するケースが少なくない。実のところ、カナダ保健省の調査では二〇一三年から二〇一四年までの医療輸送の要請に対して、五〇〇〇件もの拒否があったと、会計検査院報告に記されている[63]。

オンタリオ州北部では、子どもへの健康サービスは実質的に存在しないに等しい。連邦政府は、すべての子どもたちは公平な保健サービスと社会サービスを受けるべきであるというジョーダンの原則を承認している。しかし、この原則が北部地域のコミュニティではほとんど適用されていない。これこそが、シンディ・ブラックストックと先住民族の子ども・家族支援協会が、先住民族の子どもたちの基本的人権を擁護するために、カナダ人権法廷で一〇年間にわたり政府と戦ってきた問題の核心である。

北部地域の子どもたちは、今日も予防可能な病気で死んでいる。最近では二人の子どもがレンサ球菌咽頭炎で死亡し、二〇一四年には四歳の子ども二人がリウマチ熱で死亡している。地域の医療者がこのリウマチ熱を適切に診断しなかったのが原因だ。二〇一五年に発表されたある医学研究によると、北部のファースト・ネイションズでは、過密な住宅事情と公衆衛生の欠如のために、リウマチ熱の罹患率は七五倍も高くなっているという。[64]

オピオイド薬の使用も深刻な状況だ。多くのファースト・ネイションズで、この薬物依存症に対処できないほど蔓延してしまっている。オピオイド薬物の使用率が特に高く、八〇%以上となっているコミュニティもある。依存症専門のカウンセラーにかかることは非常にまれであり、オピオイド薬の代替プログラムの需要は高い。[65]

子どもたちのための心のケアはどの地域においても課題ではあるが、先住民族コミュニティでの状況はさらに悪い。[66] 緊急性の高い状況や行動上の問題がある場合、子どもたちは都市部にある施設までプロペラ機で送られるしかない。オンタリオ州北部地域の中核医療施設があるのはサンダーベイ市であるが、地域全体の人口当たり一・二人の小児精神科医しか配置されていない。つまり、小児精神の専門医が一人、もう一人の精神科医が子どもの患者の診療に費やす時間は勤務時間の二割に過ぎない。残りの時間は研究に費やされているからだ。

自殺となると、システム全体がその負担に耐えられない状況だ。既存のメンタルヘルス・サービスは、一部のコミュニティでは子どもと若者の間に広がる深刻な危機にかろうじて対処しているにすぎないのが現状だ。サンダーベイ地域保健科学センターは、オンタリオ州北西部の病院の中で、精神科医療を提供している唯一の病院だ。また、一五歳以下の子どもの患者を対象にした訓練を受けたスタッフがいる唯一の施設でもある。ベッド数は八床のみで常時満床だ。受け入れができなくなると小児科に送られる。一五歳以上の患者には、サンダーベイとケノーラに精神病院がある。どちらもほぼ常にキャパシティをオーバーして運営されている。

入院患者ケアプログラムの副理事長であるピーター・ボロス博士は、子どもたちは移行スペース、つまり帰宅前に安定させることができるステップダウン・ユニットが必要だと訴える。いったん治療を終えても、送り先がないため入院が続く。精神的に弱っている若者の中には、付き添いも無く故郷から数千キロ離れた医療施設に送られる者もいる。

「安全な施設は、南部地域か別の州にしかありません。」とボロス博士は言う。「でも、オンタリオ州南部やブリティッシュ・コロンビア州に送られれば、知り合いが誰も周りにいなくなってしまいます。子どもたちは家族やコミュニティとまたしても切り離されてしまう。[67]」

ボロス博士は、この地域にはメンタルヘルスと依存症の患者専用の安全な治療施設が必要で、現状レベルの患者数に対処するには、理想的には、七人の小児精神科医が必要だと言う。四人でもギリギリやっていけるレベルだと言う。昨日の段階でそれは実現されているべきだった、と訴える。

自殺行動の危険因子を特定するには、自殺を最初に試みた年齢が重要だ。一〇代から二〇代に自殺を試みた若者は、その後に不安障害、心理的虐待や性的虐待、大麻の乱用などの「累積リスク」を抱える可能性が高くなる。[68] また、経済的な貧困状態にある不安定な家庭で栄養失調や虐待に苦しんでいる一五歳の子どもが、学校でいじめを受ける、あるいは友人が死亡したり精神的に破綻したという知らせを突然受け取った場合、失業したばかりの五〇歳の大人よりも自殺のリスクが高くなる。

『サスカチュワン先住民族のための自殺予防戦略』によると、自殺の誘因に加えて、子ども時代どう過ごしてきたかを調べる必要があると言う。子ども時代というのは「健康で、回復力があり、生産的な若者や大人になりうるか」どうかに重要な影響を及ぼすからだ。[69] 米国疾病予防管理センター（Centers for Disease Control、CDC）は、小児期及び成長期に経験した性的、身体的、心理的虐待の影響を調査している。「ドメスティック・バイオレンス、親の離別や離婚、虐待を受けている家族、精神障害者、犯罪者の家族と一緒に暮らすなどの要因の中で、小児期の経験で最も有害だと考えられるのが小児に対する性的虐待である」と考察する。CDCの研究では、小児期及び青年期の自殺企図の八〇％が、小児期の有害事象に遡ることができると結論づけている。また、こうした子どもたちは、生涯にわたって自殺のリスクが高く「疫学や公衆衛生のデータでこれほどの値が観察されることはないほどの規模[70]」だという。薬物依存症の専門家でブリティッシュ・コロンビア州の医師でもあるガボール・マテは、幼児期の発達環境が自殺の前兆を生みやすいことを指摘している。

自殺パンデミックの核心には、未解決のトラウマがある。一つの世代から次の世代へ受け渡され、絶望感を助長するような社会的状況が生まれている。この世代間トラウマの源は、この国の植民地時代の過去と現在におけるその残滓である。カナダが歴史と進歩を祝福するたびに、私たちは大きな誇りと国家のアイデンティティを得てきた。しかし、それは先住民族にとって大惨事を意味する。土地と生活を失い、移動の自由が制限され、先住民族の精霊信仰は嘲笑され無力化されてきた。彼らの文化はほぼ根絶され、家族内や集団内の関係が崩壊した。そして最後に、一〇〇年近くもの間、国家が黙認してきた先住民族の子どもの誘拐、強姦、身体的虐待、精神的拷問が続いてきたのだ。[71]

ジャック・ヒックスは、カナダ最大のメンタルヘルスの教育病院である依存症・メンタルヘルス研究所の北部地域精神医療アウトリーチ・プログラムのディレクターであるアリソン・クロフォード博士とともに、若者の自殺率が高い先住民族コミュニティと低いコミュニティの比較研究を実施している。研究では、「植民地化に関連した破壊と喪失を、自殺行動へと仲介する重要なメカニズムとして」幼児期に起こった不幸な出来事を指摘する。植民地化の例として、研究では、寄宿学校制度と先祖伝来の土地からの強制移住を挙げている。[72] 二〇一四年に発表された世界保健機関の自殺予防に関する報告書でも、同様の結論に達している。小児期の不幸な出来事とその後の精神病罹患率、あるいは自殺による死亡率との間には関連性がある。[73]

植民地化の影響を受けた家庭（言語の喪失や、文化的な歴史、知識、伝統とのつながりの喪失を経験した家庭）に生まれた子どもは、未解決のままの世代間トラウマが残る中で育つことになる。親たちも、里親制度や寄宿学校の時代を経て、子ども時代に経験した不幸と格闘しているのかもしれない。その結果、メンタルヘルスの問題や薬物依存症に苦しみ、ドメスティック・バイオレンスを引き起こす可能性が高くなる。ヒックスとクロフォードは、子ども時代の不幸には家庭内暴力にさらされることも含むと言う。身体的、心理的、性的虐待。ネグレクト。問題への介入や医療へのアクセスの欠如。これら全てが、自殺行動のリスク増加につながる因子と考えられる。[74]

「私たちは、関連する幼少期のリスクと保護因子を評価し、介入の新しい効果的な方法を見つけなければならない。」と、ヒックスとクロフォードは結論づける。「状況悪化に結びつくリスク要因に対処せねばならない。そのためには、幼児期の最適な発達を促進すること、社会経済的及び幼児期の不利益を減少させることが鍵となる。[75]」

しかし、介入の方法は、先住民族の人々やコミュニティが主体的に計画し、実施されなければならない。

こうした背景もあり、イヌイットが策定した「二〇一〇年ヌナブット自殺予防戦略」と「二〇一六年イヌイット自殺予防戦略」では、幼児期の発達に対する介入のあり方が中心的な課題として取り上げられている。[76]

社会的公正を求める闘い、つまり先住民族の人々にとって基本的な健康決定要因を獲得できるかどうかは、単なるレトリックではない。それは生きるか死ぬかの問題なのだ。

なんら対応をしないのは選択肢としてはあり得ない。しかし、カナダは未だに自殺防止戦略を持たない唯一のG8国だ。北欧では、一九八〇年代半ばにサーミ族の若い男性らが集団自殺した事件を受けて、一九九〇年にガン・ハータが支援してカラショークという小さな町にサーミ精神医学青年チームを設立している。それは二〇〇一年までには、精神衛生と薬物乱用に関するサーミ国立センター（SANKS）の重要な中核的な役割を果たすようになっている。[77]

人口約三〇〇〇人のカラショークは、フィンランド北部の国境に近いフィンマルク県の奥深くに位置している。インナー・フィンマルクとして知られるこの地域は、背の高い白樺やモミの木がまばらに植生する険しい地形で、流れの速い清流があちこちに見られる。インナー・フィンマルクの景観や雰囲気はオンタリオ州北部の僻地とよく似ている。トロムソは北極圏から約四〇〇キロ北にあり、この地域で唯一の町だ。頂を雪で覆われた山々が連なるフィヨルドの間に、明るい色の家が立ち並び、集落が海岸線に沿って続く。オーロラやホエール・ウォッチングに最適なロケーションとして有名な町だ。以前の最盛期の頃には、アザラシ狩り、仕掛け、釣りの中心地だった。(78) この牧歌的な北部の気候帯では、夏の間白夜になる。カラショークと隣接するカウトケイノの町に住む人の大多数はサーミ族だ。トナカイの遊牧民が所有する小さな木造家屋があり、運がよければ、トナカイが道を渡ったり谷で草を食む様子を見ることもある。

二〇一八年の五月、私はノルウェーのラクセルフ郊外、北極圏の北にある小さなサーミ族が経営するホテルでガンに会った。ほっそりとした上品な女性で、灰色のボブヘアー、小顔を囲むファンキーな角縁のメガネをかけている。セラピストとしてのキャリアを始めたのは四〇年前、それ以来自殺を止めるために何かをしなければならないと感じていたと言う。過去、どれほどのサーミが自殺によって命を落としたかについての公式の統計はＳＡＮＫＳ当局にも無いと言う。保健当局が正確な数字を集めようとしても、国境や国ごとに手順が異なるため、正確な統計を集めることが難しいのだ。ソーシャルワーカーとしても訓練を受けているガンは、現場チームを結成し、学校やクラブ、その他にも地域の人が集まる場所を訪れては、自分や周りの人が危機に陥った場合には、従来の医療制度に頼るのではなく、サーミ文化の訓練を受けた専門家にカウンセリングを求めるよう若者らに伝える活動を続けている。

自殺願望があったり、アルコール依存症に苦しんでいる若者を見かけると、ガンは彼女の個人携帯電話番号を教え、時間に関係なく彼女に電話するよう伝えている。そんなことをするなんて気が狂っていると誰もが言うが、いたずら電話をかけてくる者はいない。かけてくるのは、本当に助けを必要としている一〇代の若者だけだ。「私たちに電話できたということは、命が救えたということだと考えています。」と、深いソファに座りながらガンが話す。私たちが座っているのは、カラショークのログキャビン。観光客が旅の途中に利用するホテルだ。

ガン自身、これほど長くこの役職について仕事をするとは思ってもいなかったと言う。SANKSのチームを率いて、フィンマルク地域のサーミ族のためのメンタルヘルスと依存症治療サービスを管理している。SANKSの特徴は、ノルウェー政府の医療システムの一部ではないということだ。その治療はサーミ族の価値観や文化に基づいており、伝統的な教えに従ってサーミ語で行われる。治療の一環として、伝統的な土地を旅するプログラムもあると言う。若者に、自分が何者で、どこから来たのかを全身で理解してもらうためだ。

二〇〇一年、ノルウェー政府からの資金提供を受け、SANKSは北部地域に広がるメンタルヘルス及び薬物乱用の問題に取り組むことになった。ガンと彼女のチームは、国立サーミ能力回復センターを立ち上げた。センターでは、特に自殺行為、家庭崩壊、薬物乱用、家庭内暴力の後遺症に苦しむ人々と協働でケアのあり方を模索している。

この活動の一環として、SANKSプログラムは、待望の治療センターを運営するようになった。危機にある子どもとその家族のための一ヶ月間に及ぶ居住付きケアプログラムを提供している。SANKSの敷地内には六棟の「アパートメント」と呼ばれるイケア風タウンハウスがあり、対象となる子どもとその家族全員がその一棟に入居できるようになっている。施設内で生活している間、小難しいルールはなく、訓練を受けた精神医療スタッフによる入院治療を受けることができる。子どもや思春期の若者を治療する際、その親も同時にケアしなければならないという考え方が根底にある。

乳児期から一八歳までの子どもがいる家族が対象となり、四週間の滞在プログラムに参加する。一週目は、治療スタッフと家族の関係を築くことから始まる。子どもたちは施設内の学校に通い、食事はすべてトナカイの肉と新鮮なサケを中心とした伝統的なサーミの食事だ。二週目からは、治療の一環として旅に出る。家族全員とメンタルヘルス・ワーカーのチーム全員が参加する。時期にもよるが、丸太小屋かティピのどちらかに滞在する。何世紀もの間、サーミの人々が群れを追いながら使ってきた居住空間だ。背の高い白いキャンバスのティピは、北オンタリオのアニシナベ族の人々が使っているものとほとんど同じだ。このプログラムは素晴らしい成果を上げているが、その準備や維持は決して容易な事業ではない。また、常にSANKSの頭をよぎるのは、先住民族主導・実践で立ち上げられたプログラムに、資金提供をする政府側がコスト効率と必要性という指標をぶつけてくることだ。

「ここカラショーク地区ではここ数年自殺者は出ていません。でも、スウェーデン南部とノルウェーの若いサーミのトナカイ遊牧民たちは危機が迫っているのを感じているようです。」と、ガンはスカンジナビアの他地域での自殺の増加を引き合いに出しながら言う。

二〇〇七年、一四三ヶ国が先住民族の権利に関する国連宣言(UNDRIP)に署名し、三億七〇〇〇万人の先住民族を代表する五〇〇〇以上のグループが、長年待ち望んだ自らの権利に対し国際的な承認を受けた[79]。ＵＮＤＲＩＰには法的拘束力はないが、当初署名しなかったのが米国、カナダ、オーストラリア、ニュージーランドのみであったことに留意すべきである。二年後の二〇〇九年、オーストラリアとニュージーランドが署名し、米国も二〇一〇年に署名した。バラク・オバマ大統領は署名に際して、この国連宣言を「国際的な人権法として、ここ数十年で最も重要な進展の一つである」と声明を出している[80]。二〇一六年五月、カナダのキャロリン・ベネット先住民族担当相はニューヨークで、カナダはもはやＵＮＤＲＩＰに対抗する唯一の国ではないと発表した[81]。

二〇一八年五月三〇日、連邦議会下院でカナダの国内法がＵＮＤＲＩＰに定められた原則に準拠することを保証する議員法案が満場一致で可決された。この法案を提出したのは、寄宿学校を生き延びたロメオ・サガナッシュ（新民主党）議員だった。サガナッシュは国連で二三年間もの間ＵＮＤＲＩＰ交渉を担当してきた人物だ。「この国では今のところ、先住民族の権利を人権として認める動きは見られない。」とサガナッシュは訴えた。「清浄な飲料水を手にする権利。真っ当な住宅に住む権利。この国ではこれらは人権とは考えられていないのです[82]。」

そして、こうした基本的人権がなければ、和解などあり得ない話だ。

5章　私たちはどこにも行かない

それは、静かな暴動と呼ばれた。

一九八七年三月、キングフィッシャー・レイク・ファースト・ネイション出身のランス・クリスチャンソンは、オンタリオ州北部にある、メノナイトが運営する先住民寄宿学校スターランド・レイクの一一年生だった。

寄宿学校の多くが一九六〇年代から一九七〇年代に閉鎖されたが、メノナイト教会は一九五〇年代後半から、北部地域に寄宿学校を設立し始めた。[1] スターランド・レイク（別名ワブーン・ベイ・アカデミー）が開校されたのは一九七一年のことだ。スー・ルックアウトから北へ二七三キロメートル、亜寒帯林の奥深くにその学校はあった。校舎は、ピクル・クロウ鉱山で使用されていた古い建物を移築して使用していた。一九八六年にクリスタル・レイク女子校が閉鎖されてからは、男女共学の学校として運営されていた。[2]

ランスは、スターランド校での指導は厳しかったと回想する。九年生と一〇年生の時に過ごしたウィニペグの学校と比べると、刑務所のようだったという。生徒たちはロックミュージックを聞くことを禁じられていた。教師はそれを「悪魔の音楽」と呼んだ。モトリー・クルーやローリング・ストーンズなどのカセットテープは取り上げられた。聴くことを許されたのは、メノナイトの賛美歌だけだ。家族に宛てた手紙は全て検閲されていたため、学校の中で何が起きているのか親に伝えることもできなかった。「学校の中で自分がどんなに辛い経験をしているか書くことができなかった。学校の意にそぐわない内容を書こうものなら、成績を減点された。冬になると、野外で何百もの丸太をのこぎりで切らされた。」と彼は回想する。(3) スー・ルックアウト北部の冬は、気温はマイナス四〇度にまで下がることもある。「教師らは私たちをロボットのように扱った。これをしろ、あれをしろ、と。そのおかげで、学校を出ても厳格なルールに縛られていると、自分の自由を求めていいことに気付かないようになる。」

男子と女子は別々の寮で生活していた。夜十時半までには消灯。毎朝七時きっかりに始まり、もし遅れたら雑用が待っていた。食事は「本当に酷かった。日曜日だけは調理された食事が出た。」とランスは思い出す。朝食はいつも脂っこいヤギのミルクで煮たオート麦。土曜日の朝だけは特別でコーンフレークが出た。

教師は生徒たちを指導する際、体罰を用いた。通常、体罰に理由はない。生徒たちは突発的に教室や廊下で痛めつけられ、見せしめにされた。

ランスは教師らから受けた体罰を昨日のことのように覚えている。「先生たちが生徒を一人ずつ寮に呼び出して、地下室につれて行かれた。四人の男の先生たちがそこで待っていた。二人が私の手足を抑え、もう一人が全体重をかけて抑え込んできて、もう一人がパドルで私の身体を殴る。ものすごい力だった。あざだらけになったよ。それが終わる頃には苦しみで喘いでいた。拷問さ。」

それが終わると、教師がはさみを取り出してランスの髪を切った。神聖なものである髪を切るという冒涜。「私の場合、教師らは叩くだけでは満足しなかったのだろう。さらに恥をかかせるために髪を切ったんだ。」

ランスは傷の手当ても受けられず一週間ほど過ごしたという。背中は黒ずみ、全身にあざが残った。歩くことはできたが、座っていると耐えがたい激痛が走った。あざが治り始めるとひどい痒みに苦しんだ。

「教師らは生徒全員にそんなことをしていた。一種の楽しみだったんだろう。サディスティックな行為だよ。宗教的な教育からは程遠いものだった。」と彼は言う。「メノナイトについては良いことばかり聞くかもしれないけど、彼らに関してはそれは全く当てはまらない。刑務所のようだった。彼らは刑務所学校を運営してたんだ。」この暴行の一件の後、ランスと年長の生徒たちが話し始めた。何とかしないといけない。

そして、今度、教師が他の生徒を殴ろうとしたら、彼らは抵抗すると決めたのだった。

ある晩、数人の男子生徒と女子生徒が門限を過ぎて一緒にいたのが教師に見つかった。十代の少年の一人が教師に捕まり、それ以外の生徒は逃げてランスにそのことを伝えた。

「よし、もう十分だ、と私が言うと棒を掴んで五人ほどでその虐待者の元へ向かった。」生徒たちが道端でその教員らに立ち向かった。「教師らと取っ組み合いになり、彼らに殴りかかった。彼らも反撃してきたけれど、結局逃げて行った。」

虐待者らは寮の一つに戻って行った。

しかし、生徒たちはそれで満足しなかった。窓を割り建物を破壊した。

「彼らのしたことへの報復だよ。」と彼は言う。

その夜は、生徒側の勝利のように思われた。拷問に立ち向かうことに成功し、状況は収まったかに見えた。朝の太陽が昇るまでは。

「翌朝、学校側は警察の出動を要請したらしく、自動小銃や散弾銃を持った警官がやって来た。こちらは丸腰だというのに。秩序回復させるという名目で来たのだろう。」とランスは言う。「数人の生徒が逮捕されて、ピクル・レイクに連行されたんだ。実家に連れ戻されるという選択肢はなかったね。逮捕された何人かは、下着一枚だったよ。まともな服も着ないで連行された。」

事件に関わった少年たちは出廷を要請された。最初から犯罪者扱いだった。

「起訴されるなんて初めてのことだから、どうやって自分の立場を弁護するかもわからなかった。結局、若者犯罪者法の下で器物損壊、暴動、暴行などの罪で全員が起訴された。」とランスは思い出す。「覚えているのは、同じような連中、同じような人間たちが私たちのことを見てほくそ笑んでいたこと。善良な人などではなかった。悪魔のような人間たちだった。」

その年度を修了できず、ランスはオンタリオ州のマラソンで一一年生過程をやり直した。同級生の中には、既に亡くなった仲間もいる。ノース・スピリット・レイク出身の友人は自殺で命を絶ってしまった。ランスは飲酒、麻薬、精神の破壊が寄宿学校の経験から来るものと理解している。怒りと痛みは、人によって違った形で現れる。スターランドでの生活は「人間の尊厳を嘲笑うものだった。それが全て。」と言う。

スターランド・レイク寄宿学校での静かな暴動は、ニュースになることも歴史書に載ることもない。しかし、それは米国の公民権時代にさかのぼる運動の一部だったと言える。

「私たちが起こした暴動は、（寄宿学校で）人間としての権利のために立ち上がった、初めての抵抗運動だったと思う。植民地システムの一つに異議を申し立てたんだ。植民地化と闘うために。」

そして、彼はその闘いが未だ終わっていないことを知っている。

人間の鼓動に合わせて、ドラムの力強い振動が完璧なタイミングでデルタ・ホテルのロビーに響き渡る。カナダ連邦議会が立地するオタワ都心部のこの場所は未譲渡のアルゴンキン族の領土だ。アルゴンキン族はこの土地を明け渡したわけでも、譲渡したわけでもない。この土地は、現在もなお、カナダ政府、オンタリオ州、国王との条約交渉の対象である。二〇一八年五月二三日、「determiNATION：インディアン法を超えて」と題したファースト・ネイションズ《先住民族国家》主催の会議が始まろうとしていた。風通しの良い明るいロビーに、甘い煙の匂いが漂う。ファースト・ネイションズとメティの人々が集まる大集会場では会議を前にスマッジの儀式が行われていた。ニシナベ・アスキー・ネイションのグランドチーフであるアルヴィン・フィドラーが主催したこの会議には、三〇〇人近くのエルダー、リーダー、ナレッジキーパーに加え、若者代表や法律家が参加し、二日間にわたってインディアン法の無い未来について議論することになっていた。あらゆる進歩主義者、思想家が結集していた。カナダ先住民女性協会の初代会長の一人で弁護士のベブ・ジェイコブス。ファースト・ネイションズ本会議の元議長オビデ・メルクレディ、青年リーダーのマックス・ファインデイ、ブリティッシュ・コロンビア州やオンタリオ州からやって来た数多くのグランドチーフたち。この会議はトロント大学のオズグード・ホール法学部が共催していた。

二〇一七年七月一四日、ジャスティン・トルドー政権は、カナダ政府と先住民族との関係を更新すると声明を出した。最終的にはインディアン法の廃止を目指すというものだ。[4] 政府は「関与プロセス」を通じて、一九八二年憲法第三五条に規定される先住民族の権利を認める枠組みの構築を目指すとした。憲法第三五条は既存の権利を認めるものであるが、具体的な権利が何かを定義していないので、裁判所がその任務の多くを引き受けてた経緯がある。[5]

トルドーは、先住民族コミュニティが第三五条を定義すれことは、民族自決権へとつながると主張した。カナダ初の先住民族出身の司法長官で現法務大臣を務めるジョディ・ウィルソン＝レイボールドは、自決権への大きな一歩であるとして、この動きを支持した。カナダの歴史上初めて、先住民族が自分たちのコミュニティにとって重要と考える「完全な権利のリスト」を定義することができるようになり、それによって、土地の権利、教育政策、子どもの福祉政策を管轄できるようになる。[6]「これ（インディアン法の廃止）は結婚であって離婚ではない」と、先住民族サービス大臣のキャロリン・ベネットは述べた。[7]

会議の前夜、アルヴィンと私はホテルの向かいにあるステーキハウスのチェーン店で、ムシュケゴワック協議会のチーフ、ジョナサン・ソロモンと夕食を共にした。店は全国から来た先住民の人々で満席だった。小さなブースに座ると、アルヴィンがジョナサンに記者会見はどうだったかと尋ねた。その日早く、国立記者会館でジョナサンと新民主党のチャーリー・アンガス議員が、カナダ全土の自殺防止戦略を策定することを呼びかけるため記者会見を開いていた。

ジョナサンとムシュケゴウック協議会はこの問題に長らく取り組んで来た。『自殺パンデミックに関する住民調査』（3章参照）の一環として、四人の委員がオンタリオ州のジェームズ湾沿いのコミュニティで公聴会を開き、七七件の個人的な話を収集した。これらの語りは報告書として公開されている。「私たちのコミュニティにおける自殺の原因と深刻な影響を広く理解してもらえることを期待する。語り手の体験に耳を傾けることで他の人が学べるように、これらの語りを共有したい。共有することで、沈黙を破り、お互いを尊重し支え合いながら、人々が率直に話し続けることを期待する。語り手による提案を共有したい。なぜなら解決策は私たちの中にすでにあると信じているからだ。[8]」

報告書の最後に一六項目の重要な課題が提示されている。その中で最も深刻とされたのが、先住民寄宿学校での経験、性的虐待、身体的虐待、子育てスキルの欠如、アイデンティティと文化の喪失であった。それぞれの課題に対しては解決策も紹介されている。例えば、エド・メタタワビンが実施しているアルバニー川下りのような、ガイド付きの野外活動を通じて若者を大地に触れさせるプログラムや、四〇〇キロ以上にわたってアルバニー川を漕いで下ったカシェケワン・ファースト・ネイション出身の一〇代の若者たちの活動。彼らの目的は、性的虐待に対する認知を広げることに加え、トラウマからの回復に必要なプログラム運営資金を政府や資源開発会社、様々な支援団体に求めることにあった。

ジョナサンのコミュニティは、最も深刻な自殺の被害に直面していた。二〇一七年四月、アッタワピスカットの名が世界中のニュースの見出しを飾った。それに先立つ二〇一三年の年末には、アッタワピスカットのチーフ、テレサ・スペンスが、国会議事堂から目と鼻の先にあるビクトリア島で、六週間の断食ストライキを決行している。彼女のコミュニティの生活環境が一向に改善されないことに抗議し、先住民族の権利についてスティーブン・ハーパー首相との直談判を要求していた。[9]

二〇一七年一月、ジョナサンはアルヴィンとワペケカ・ファースト・ネイションの自治行政主任のジョシュア・フロッグとともにオタワに行き記者会見を行っている。ワペケカ出身の一二歳の少女二人（二人はフロッグの姪）が自殺した直後だ。ジョナサンとジョシュアは、連邦政府がコミュニティからの支援要請をなぜ認めなかったのかと訴えた。子どもたちの間でスーサイド・パクトが計画されていると警告していたにもかかわらず。[10] 最終的に、ワペケカとポプラー・ヒル・ファースト・ネイション出身の顔見知りの少女ら七人が自殺で命を絶ってしまった。

それから一年後も、ジョナサンはまだ政府からの援助を求め続けていた。「この悲劇的な事態に対処するため、多くの要請を行ってきた。いくつかの対応策は発表された。しかし、本日私が同僚や専門家とともにここにいるのは、首相並びにカナダ政府に対して自殺防止の国家戦略についての議論を始めるよう呼びかけるためです。…これ以上、調査や研究の必要はありません。あらゆる研究は既に終わっており、その研究報告は棚の上で埃をかぶっているだけです。」と彼はテレビカメラに向かって語った。[11]

ワペケカ出身の一二歳の少女たちが死亡した直後、カナダのジャスティン・トルドー首相は、ジョナサン、ジョシュア、アルヴィンと私的な会合を持ち、これ以上子どもたちが自殺で死ぬことを防ぐため何ができるかを話し合おうと持ちかけていた。

「その会合で、私は首相に、自殺防止・介入の国家戦略を立ち上げてくれと直談判しました。」とジョナサンは言った。「それ以来、トルドー政権は二回の年間予算を可決しているが、私はまだ何の返答ももらっていません。[12]」

determiNATION 会議に出席した全員が同意したのは、先住民族の自治は、インディアン法によって拘束されるものであってはならない、ということだ。先住民族の人々は、それぞれの文化やスピリチュアルな慣習を奪われたり、支配的な社会への同化を強いられるべきではない。条約上の権利を享受するために、連邦政府によって本物のインディアンであることのお墨付きをもらい、政府が定めた居留地に閉じ込められるべきではない。全ての民族とネイションズ《民族国家》が、自らの進む道を設計する自決権が与えられなければならない。

NANのグランドチーフであるアルヴィン・フィドラーが、開会の挨拶のために壇上へと上がった。一九二九年、アルヴィンの父モーゼスが署名に立ち会った条約第九号により、キッチンヌマイコシブ・イヌウワグと、ウィンディゴ川、フォートセバーン川、ウィニスク川沿いのコミュニティを含むエリアが政府の領土に追加された。しかしアルヴィンは、ファースト・ネイションズ《先住民族国家》の人々は自分たちの土地の管轄権を放棄したわけではないと確信している。

オンタリオ州北部の民族を襲い続ける変化の荒波の中、舵をとってきたのがアルヴィンだった。彼は、サンダーベイの高校に通っていた七人のNANの若者の死因審問を実現させるために奔走し、真実和解委員会では北部地域及びオンタリオ州の責任者として、カナダ史上最も暗い出来事の一つである寄宿学校時代の証言をサバイバーから収集した。寄宿学校は、それが運営されていた時代に何世代にも渡って先住民の家族を破壊しただけでなく、その後、そのトラウマを抱えた先住民族の人々が大量投獄されることにもつながっている。児童福祉制度は、恒常的に先住民族の子どもたちを家族やコミュニティから切り離し、国の保護下に置いてきた。トラウマ、虐待、強制退去に対処するために人々は薬物依存症となり、また、若者の自殺率は、非先住民の若者の自殺率の五~七倍の高さである。[13]

アルヴィンは、オンタリオ州北部の医療制度を脱植民地化しようと策を練っている。二〇一七年一一月一七日、彼は、連邦政府と州政府が共同で策定する「保健改革作業計画」に署名した。これは、NANを構成する四九のファースト・ネイションズ主導で保健システムを構築するため、政府が十分な資金を提供するという計画だ。実現されれば、一五〇年ぶりに、オンタリオ州北部のファースト・ネイションズ《先住民族国家》の手に自らの健康管理が委ねられることになる。

署名の場でアルヴィンはこう述べた。「私たちのコミュニティは永続的な危機状態にあります。保健システム改革は私たちの努力の結果を向上させる道となります。途方もない取り組みですが、リーダー、政府議員、医療管理者、医療提供者と協力することで、私たちコミュニティが必要とする医療システムを構築できると確信しています。(14)」

determiNATION会議の開会宣言の冒頭、アルヴィンは、これ以上、連邦政府から与えられた一〇桁の数字で識別されたくはないと、静かに語り始めた。「先日、カードを取り出して見たのです。そしたら、四年も前に期限が切れていました。」と彼は言った。「ということは、私は期限切れのインディアンということになるのでしょうか。」

聴衆がどっと笑った。

彼は、現在の緊急課題について話を続けた。これ以上、先住民族の子ども世代が、インディアン法の陰で成長する姿は見たくない、と。二人の娘の父親として、子どもたちの人生が政府に割り当てられた番号や法律によってのみ正当化されることのない日を見るために、できる限りのことをすると語った。

アルヴィンは、自分が先住民族かどうかを決めるのは政府ではない、という信念を持つ。

帰属とは与えられるものではないのだ。

歴史は地続きだ。物事が単独で起こることはあり得ない。アメリカ大陸における暴力的な植民地化は、アメリカ先住民の絶滅とアフリカ系アメリカ人の奴隷化への道を開き、それが今日の人種間の衝突につながっている。マーティン・ルーサー・キング・ジュニアは一九六四年に出版した著書『黒人はなぜ待てないか』の中で、米国における黒人の闘いをアメリカ先住民の歴史に照らしあわせながら論じている。

わが国は、先住のアメリカ人を虐殺する中で誕生した。つまりインディアンは劣等人種であるという独断的教義を奉じたのだ。この国の海岸に多くの黒人が上陸する以前から、人種憎悪の傷跡がすでに植民地社会をいびつなものにしていた。一六世紀以降、白人至上主義との闘いで多くの血を流してきた。わが国はおそらく、国家政策として先住民族の一掃を試みた唯一の国であろう。さらに言えば、われわれはこの悲劇的な経験を尊い聖戦とまで崇めたてた。今日においてでさえ、この非道な行いを否定したり悔恨することさえ許されない。事実、この国の文学、映画、演劇、民話の中でインディアン討伐は称賛され続けているのだ。(15)

キング牧師の圧倒的な存在は、公民権闘争から生まれたブラックパワー運動とともに、先住民活動家の新しい世代に強い影響をもたらした。一九六八年、ミネソタ州ミネアポリスで、チペワ族の活動家、デニス・バンクス、クライド・ベルコート、エディ・ベントン・バナイ、ジョージ・ミッチェルらによってアメリカン・インディアン運動（ＡＩＭ）が設立された。[16] ＡＩＭは、ネイティブ・アメリカンの社会正義と経済発展を求めた闘いだ。彼らは、白人警察による「インディアン狩り」を監視するためにインディアン・パトロール隊を結成し、不法逮捕に抗議した。[17]

一九六九年一一月二〇日から一九七一年六月一一日まで、ＡＩＭのメンバーはアルカトラズ島占拠を支援した。八九人のアメリカ先住民が「全部族インディアン」の名の下に集結し、監獄島を占拠した。一八六八年、スー族とのフォート・ララミー条約の条文[18]〔連邦政府の所有する土地のうち放棄された土地や使われていない土地は、その土地の元の所有者であった先住民が取り戻すことができる〕で合意されたように、廃墟となった連邦政府所有地を奪回するという象徴的な抗議行動だった。一九ヶ月に及ぶ占拠期間中、各地からアメリカ先住民族の代表団が島を訪れ、抗議者たちに食料や支援を提供した。[19] 一九七四年の夏には、ＡＩＭのメンバー一九人がオンタリオ州北西部のケノーラを訪れ、オジブウェ族の伝統的な集会所（現在アニシナベ公園）の占拠を支援した。オジブウェ・ウォリアー・ソサエティ（Ojibway Warriors Society、ＯＷＳ）の創始者であるルイ・キャメロンが会議を開催し、医療へのアクセス不足、劣悪な生活環境、過剰な警察活動など、コミュニティが長年にわたり直面してきた問題や不満について話し合った。キャメロンは近くのワバセムーン・ファースト・ネイションの出身だ。また、これらに加え喫緊の問題の一つが、一九五九年、オジブウェ族の同意なしにカナダ政府がこの土地をケノラ市に売却したという事実だった。[20] 会議では鬱積していた怒りが爆発し、出席した一五〇人のＯＷＳメンバーは三九日間にわたって公園を占拠し続けた。「これは若者たちの考えでね。彼らの意思は強かったよ。」と、キャメロンの親友であるショール湖40ファースト・ネイションのリチャード・グリーンは回想する。

「彼らの我慢はもう限界に来ていた。俺たちにだってメンツや文化がある。その出来事で目が覚めたよ。[21]」

全部族インディアンによるアルカトラズ島占領は、アメリカ先住民運動に息を吹き込んだ。特に若い世代のネイティブ・アメリカンを奮い立たせた。その一人、ジョン・エコーホークは一九七〇年にネイティブ・アメリカン権利基金（NARF）を設立。エコーホークがNARF設立のモデルとしたのが、全米有色人種地位向上協会（NAACP）の法的弁護・教育基金だ。NARF設立の背景にもキング牧師の言葉が脈打つ。先住民族は、一八三一年の連邦最高裁判所判決の通り、部族主権法の下での平等と民族自決、部族として生きる権利があるとする考えだ。[22]非営利法律事務所として、NARFは部族の地位、自決権、条約上の権利を保護するための訴訟支援活動を行っている。[23]NARFが関わる数多くのプロジェクトの一つに、ネブラスカ州のラコタ・ネイション領地を貫くキーストーンXLパイプライン建設反対訴訟がある。この訴訟の原告ローズバッド・スー族の代理人をNARFが務めている。NARFはまた、スタンディング・ロック・スー族の弁護士とも連携して強力なスクラムを組み、米国連邦裁判所での闘いに備えている。[24]

スタンディング・ロック・スー族のもとに、タートルアイランド〔北米大陸〕各地から先住民族、そして支援者らが結集した。全長一一八六キロメートル、四つの州をまたいで五〇万バレル以上のシェールオイル（バッケン・プレイ）を運ぶ、ダコタ・アクセス・パイプラインの建設に抗議するためだ。[25]スー族は、スタンディング・ロック保護区から半マイルの場所に位置するオアヒ湖を横断するパイプライン建設について、十分な事前協議がなされておらず、その結果、部族にとって神聖な場所が損なわれ飲料水が汚染されるなど、国の条約上の権利が侵害されると訴えている。

二〇一六年四月、ノースダコタ州キャノン・ボール近くのオセティ・サコウィン・キャンプで、歴史的な先住民族の集会が開かれていた。[26] スー族のエルダーたちは、「黒ヘビ」がやってくると予言した。生命の水を守り、純粋で神聖な「水の精霊」を守るため、何としても阻止しなければならぬと人々に語った。[27] 集会には各々がテントやティピと必需品を持ち込み、平原の過酷な気象条件の中で抵抗を続けた。一時は、何千人もの人々が毎日行進し、祈りの儀式が行われた。

二〇一六年九月初旬、ニシナベ・アスキー・ネイションから数名の代表団がオセティ・サコウィン・キャンプに到着した。トラビス・ボワソノー、デレク・フォックス、マイク・マッケイ、ソル・ママクワ、ビル・マローニーが、中心に白クマが描かれたNANの旗を掲げていた。NANの旗は、オンタリオ州北部の四九のファースト・ネイションズの団結と強さを象徴するものだ。彼らは、北米各地の先住民族が持ち寄ったあらゆる国旗に並んで自分たちの旗を立て、水の守り人たる人々と共に歩き「清い水を守れ、我が子どもたち、孫たちのために！」と訴えた。彼らにとって、これは先住民族だけの水問題ではない。すべての人間のために、きれいな水は守られねばならないのだ。水守りたるプロテクターたちは、沿道に並ぶパイプライン企業に雇われた警備員、傍で吠えまくる犬たちと衝突した。「一体、何が起きているのか、信じられない光景だった」と、スターランド・レイク寄宿学校のサバイバーであるソルは回想した。二〇一七年二月になると、新しい大統領がホワイトハウスにやってきた。ドナルド・トランプが出した最初の大統領令の一つが、このパイプラインの建設を再開することだった。二月の終わりまでに、スタンディング・ロック・キャンプに残った施設などが取り壊され、抵抗運動を続けていた人々は強制立ち退きとなった。二〇一七年四月、パイプライン建設は完了。それでも、スタンディング・ロックの重要性は過小評価できない。アメリカ大陸各地からこれほど多くの先住民族が集結し、平和的な抗議活動で団結したのは歴史上初めてのことだからだ。これこそ、スタンディング・ロックの勝利と言えるだろう。結束の力。

これらの解放闘争は全て地続きだ。スタンディング・ロックやアルカトラズ島占拠、カナダ史上最大の先住民族権利運動の一つアイドル・ノー・モアはつながっているのだ。このキャンペーンは、ファースト・ネイションズ出身の三人の女性と、一人のアライ（同盟者）によって二〇一二年一一月に始まった。連邦政府、州政府、大企業が環境アセスメントをせずに大規模プロジェクトを進めることを可能にする法案C―四五に反対の声をあげたのだった。[28]先住民族の主権をこれ以上無視するなという意味のアイドル・ノー・モア運動では、カナダ全土で討論集会やラウンド・ダンス、デモが行われた。

アイドル・ノー・モアと「奪われた子どもの命に正義を」と題した抵抗運動も地続きだ。サスカチュワン州レジャイナにティピが立ち上げられキャンプが設置された。そのきっかけとなったのは、二〇一八年二月、クリー族の若者コルテン・ブッシー（二二歳）が白人農民であるジェラルド・スタンリーによって頭を撃ち抜かれ死亡した事件で、加害者が無罪放免となったことだった。また、二〇一四年八月一七日、サイキーン・ファースト・ネイション出身の少女ティナ・フォンテーン（一五歳）がウィニペグのレッド川から遺体で見つかった事件で、被告人レイモンド・コーミエーに無罪判決が言い渡されたことも記憶に新しい。キャンプでは、児童福祉制度と司法制度に組み込まれた人種差別への抗議が続いた。こうした構造的人種差別によって、先住民族の男性、女性、ツースピリットの人々（男女どちらのカテゴリーにも属さず流動的な性別アイデンティティーを有する人々」、そして子どもたちが日々殺されているのだ。[29]

一九七〇年から一九八三年までの一三年間、サーミ族は生態系に悪影響を与えるアルタダム建設反対の戦いを続けた。[30] これは、二〇一七年一一月に始まったキンダー・モルガン・トランス・マウンテン・パイプライン建設反対の戦いともつながっている。ブリティッシュ・コロンビア州のバーナビー山を貫通するパイプライン建設に対して、ファースト・ネイションズが主導して反対運動を立ち上げたのだった。

そして、植民地国に存在する有害な政策や法律は、今日のブラジル先住民族が経験していることとも強い関連性がある。彼らは、政府当局が何十年も前から約束していた先祖伝来の土地を取り戻すために、農民、探鉱者、多国籍企業と衝突し続けている。二〇一七年二月、ブラジルのミシェル・テメル大統領が、アマゾン北部における国外企業の農地所有制限を事実上撤廃する法案を提出した。それにより、多国籍企業は、農地を購入し、樹木を伐採し、収益を上げることが事実上可能になる。[31] 犠牲になるのはまたしても先住民族だ。

これら数多の抵抗運動は、何世紀にもわたって世界中の国々で行われ、今日も続いている。これらの運動は全てが地続きだ。

そして、私たち全員がそれにつながっている。

それでは、こうした時代にあって、進歩と退行の矛盾にどう対処すればいいのだろうか？　アフリカ系アメリカ人の活動家でカリフォルニア大学名誉教授のアンジェラ・デイビスは、著書『自由とはたゆみなき闘い』の中でこの疑問を提起している。[32] 自身も投獄された経験を持つデイビスは、彼女を解放するために世界中の人権団体が国境を越えて連携したことを評価する。

「非先住民と比べて、先住民がより良い暮らしをしている国があるとは思いません。」とヘレン・ミルロイ医師は言う。[33] ヘレンは、メンタルヘルスと依存症に関わる先住民族のリーダーらで構成される国際組織（カナダ、米国、オーストラリア、ニュージーランド、ノルウェー、スウェーデンが参加）、ファァレラー・グループの一行と共に各国を訪問する中で、先住民族の権利に関する進捗状況は国によって大きなばらつきがあることを実感したと言う。「進歩的な地域もあれば、後退している地域もありました。ここで大きく前進していても、別の国では行き詰まっていることもある。（オーストラリアには）サーミ議会のようなシステムはないけれど、政策やプログラムの面ではサーミ族よりもはるかに進展が見られます。ニュージーランドは輝かしい希望と評価する人も多いけれど、いくつかの点では後退しています。どこでも苦労していると思う。そういう意味で、一致団結して声を上げることはとても良いことです。お互いの経験から学び合うことで、力を合わせることができる。そうした取り組みが国際的に進んでいて、そこでの共通点も多い。歴史的経緯は違っているけど。」一呼吸置いて、彼女はこう付け加えた。「アライ（同盟者）を集めなければ。」

カナダでは、ジョーダン・リバー・アンダーソンの父親アーネスト・アンダーソンが、娘のジャメインと立ち上がり、ファースト・ネイションズの子どもたちが差別なく福祉サービスを受けられる運動を起こした。ジョーダンの原則が連邦議会で満場一致で支持されてから一〇年になる。キャリー・ファインマン・ジッター症候群として知られている難病を持って生まれた五歳のジョーダンは、二〇〇五年二月二日、入院生活を送った病院で死亡した。彼の医療費の支払いに関する連邦政府と州政府の管轄権争いのため、彼は一度も自宅に帰ることができなかった。[34]

「今日、息子の名の下に行われている良いことを、ただの道徳的勝利にしてはいけない」とアーネスト・アンダーソンは、先住民族の子ども・家族支援協会の代表を務めるシンディ・ブラックストックに語った。[35] ブラックストックはアーネストの言葉を胸に刻み、それ以来、この国のすべての先住民族の子どもたちに公平な支援が行き届くよう、たゆまぬ努力を続けてきた。「私が求めているのは、ジョーダンの原則が完全に順守されること」と彼女は言う。[36]

それでも、二〇一六年一月、連邦政府によって設立された独立した人権委員会であるカナダ人権審判法廷（CHRT）は、カナダ政府に対し、ジョーダンの原則を法律として完全に実施するよう再び命じている。その後も全部で四度にわたり不履行に対する命令が出された。[37] 三度目の命令は、二〇一七年五月、ワペケカ・ファースト・ネイションで起こった二人の少女の自殺に続いて出されたものだ。法廷では、ワペケカが二〇一六年七月に緊急の助けを要請した後、誰もそれに対応しなかったことを問題視した。「ワペケカで自殺が起きた際、カナダ政府は支援を提供したものの、ジョーダンの原則に欠陥があったため、ワペケカの悲劇を未然に防ぐことができず、悲劇的な事件はさらなる悲劇を引き起こし、支援が全て事後対応になってしまった。[38]」

一連の不履行に対する命令が出されたとしても、CHRTでの裁判には希望がないわけではない。二〇一八年二月一日、CHRTの四度目の裁定で、議長のソフィー・マルチルドンとメンバーのエドワード・ラスティグは次のように述べる。

特に先住民族との和解を最終ゴールとするのならば、このケースを単なる法の観点からだけでなく、正義の観点から見ることが重要である。この国に必要なのは、癒しと和解である。その出発点に、子どもたちと彼らの権利の尊重があるべきだ。このことが意味のある形で理解されなければ、つまり、それが実質的で評価可能な変化につながらなければ真実和解委員会やこのパネルの活動も矮小化されて終わる。そして不幸なのは、弱い立場にある子どもたちが苦しみ続けることだ。[39]

パネルはまた、カナダが変化に向けて努力しているとも指摘している。「変化はすでに始まっており、ここ数カ月で加速的に改善していると言える。それゆえ、本パネルは、カナダの先住民族の子どもたちの未来が良くなることを心から期待している。[40]」ブラックストックによると、二〇一六年五月以降、カナダ保健省におけるサービス改善が見られるが、先住民族・北部担当省は幼児教育と児童福祉に関する改善の責任を放棄し続けていると言う。「以前と変わらず、子どもたちは不必要に養護施設に入れられている。」と彼女は語った。

CHRTの公聴会のすべての席に、ブラックストックは白いテディベアを連れて来る。ブリティッシュ・コロンビア州、プリンス・ジョージにあるカリエー・セカーニ家族支援センターのメアリー・ティージーから贈られたものだ。このスピリット・ベアはすべての参加者に問題を政争の具とするのではなく、焦点は子どもたちであることを常に思い出させるためのシンボル的な役割を果たしている。[41]それを念頭に置き、先住民族の子ども・家族支援協会では、スピリット・ベア・プランを策定した。このプランでは、すべての連邦議会議員に対し、教育、医療、児童福祉、清潔な水の供給など、連邦政府が資金を提供するすべてのサービスで、現在の不足額を議会予算担当官が補填し、ファースト・ネイションズと協議の上、不足額を修正するための解決策を考案するよう要請することを求めている。また、具体的な目標期日や特別な事業には短期のフレームを設定すること、すべての政府機関において先住民族の子どもたちに提供されているサービスを分析し、差別的な政策や慣行が継続されないようにすることも求めている。さらに、真実和解委員会が提示した九四の行動要請で概説されているように、政府の上級職員に対しこの問題に適切に対応するための訓練を要求している。

「こうした問題を早く解決しましょうよ。」とブラックストックは言う。「この国の歴史で初めて、他の子どもたちが享受しているのと同じレベルのサービスを受ける先住民族の子どもたちを育てましょうよ。子ども時代は一度きり。今、解決すれば、次の世代に謝る必要も無くなります。」[42]

真実とは何か、そして和解とは何か?

もっとも公平で誰からも尊敬される先住民の思想家の一人であるマレー・シンクレア上院議員は、教育制度こそが先住民族の人々とカナダ社会との関係を損なう中心的な役割を果たしてきたと考えている。教育制度は何世代にもわたって社会の多数派の人々の間に無知と無自覚を永続させてきた。もう一つの歴史が意図的に隠蔽されてきたからだ。ここカナダでは、初期のヨーロッパによる植民地化の始まりから、一五万人ものファースト・ネイションズ、メティ、イヌイットの子どもたちが寄宿学校に送られ、米国やノルウェーにおいても数多の子どもたちが同様の学校に送られ、オーストラリアでは、アボリジニの子どもたちがミッション・スクールに送られた。

　教育による同化は完全には成功しなかったが、これらの学校制度の負の遺産は今日も残る。これらの経験は、サバイバーの心中、そして悪夢の中で生き続けている。その悲惨な痛みを抱えたサバイバーたちは、より大きな社会との関わりの中で自分自身を軽んじる態度を身につける。[43]そうした後遺症はサバイバーの子どもに影響をもたらす。子育てについてほとんど知識がない、先祖伝来の遺産から疎外されてきたため、文化的伝統や言語を継承できない両親の元で育つことになる。そして、その後遺症は子どものそのまた子どもの中にも生き続け、家族の不安定という痛ましい遺産を生み続けている。

　国民国家の教育制度は、意図的に、先住民族が何世紀にもわたって耐え忍んできた物理的、文化的、精神的な虐殺を、大衆の目に触れないようにしてきた。シンクレア上院議員が言うように、「長きにわたり、国民国家の建設だけがカナダの歴史カリキュラムの主要テーマであり、先住民族は、国家のルールの正しさを証明するかのように描かれた少数の顕著な例外を除いて、国家建設という事業に対する障害ではないにしても、居合わせた人程度に描かれてきただけだ。[44]」

　シンクレア上院議員を育てたのは祖母だった。祖母は愛情を込めて彼を育て、倹約して大学に行かせた。シンクレア氏は、教室に座りながら大学で教えられたことを今でも鮮明に覚えている。「私たち先住民族は重要でない、と言われたのです。それが意味するのは、私も重要な人間ではないということ。大学での学問は、先住民族の劣等性と、ヨーロッパの白人文明の優越性を学生たちに信じさせるためのものだった。[45]」そして、必要な単位を得るためにこうした主張を学ばざるを得なかったという。大学は、先住民族の人間性、誇りや業績に加え、探検家や入植者らがやってくるはるか昔から存在していた誇り高い文化や歴史、先進的な文明を学ぶ場所ではなかった。

彼はまた、その大学教育の延長線上にいる、立法者、裁判官、政治家、近代西洋社会の思慮深き思想家もすべて、自国の本当の歴史を知るという恩恵を受けることなく教育され、現場に立っていると指摘する。そのため、民主主義国家の政策、規則、プログラムを形成してきた彼らの理解は最初から重要な視点を欠いていた。その結果、非先住民の人々にとって、先住民族国家のリーダーたちが正義と公正をなぜ求めるのか、理解に苦労するのだ。なぜ先住民族の人々は辛い歴史を乗り越えることができないのか、と問う人さえいる。そして、あまりにも多くの人たちが、目をそらして気に留めぬよう教えられてきたのだ。

教育が先住民族コミュニティと非先住民社会の関係を損なう重大な役割を果たしてきたのは事実だ。しかし、その関係を和解させる上で重要な役割を果たすのも教育であろう。カナダでは、多くの教師が先住民の作家や歴史家の本を読み、子どもたちに教えながら、この国の本当の歴史を深く学ぼうとしている。たとえ政府が教室の中で起こりつつあることに歩調を合わせていなくてもだ。教育者はいつも私たちを率いて前へと進む。

ナタン・オベドのような指導者にとって、和解は遥か遠いもの、まだ手の届かない遠い理想だ。「和解には行動が必要だ。つまり社会的不平等をなくすこと。」と彼は言う。「イヌイト・ヌナンガトでは、非先住民の平均年収が七万七〇〇〇ドルなのに、なぜイヌイットの平均年収が一万七七〇〇ドルなのか？　なぜ、カナダ生まれの人たちと比べて、私たちだけが結核罹患率が二五〇倍なのか？　なぜ、私たちの住居の四〇%が過密状態のままなのか？　なぜ、私たちの民族は高校卒業率がたった二九%なのか？　こうした状況が続くことが問題でしょう。和解の時代と言うのなら、私たちすべての人間のための国を作るべきであり、それは単なる同情では達成できない。[46]」と彼は訴える。

しかし、彼の故郷ヌナブトで始まっていることには、小さな希望が見える。カナダ政府は、連邦保健省の内部に、自殺予防の取り組みを主導する「クオリティ・オブ・ライフ」の部局を設置した。ヌナブト準州政府は、第三次行動計画イヌシブート・アニナクトゥク（命のための連帯）二〇一七〜二〇二二年の一環として、五年間で三五〇〇万ドルをプログラムに投資している。ヌナブト政府と協力して活動するのは、連邦警察ＲＣＭＰと自殺防止プログラムに取り組む非営利団体のエンブレイス・ライフ・カウンシルだ。この三五〇〇万ドルの予算は、コミュニティ主導の計画実施や、北極圏のコミュニティに対応する移動型・イヌクタック語専門のカウンセリングサービスに加え、研究、勉強会、トレーニングなどに使われる。[47]自殺予防戦略の大部分が、イヌイットのスタッフの雇用にかかっている。しかし、自殺予防の仕事は簡単ではない。スタッフの多くが、家族やコミュニティのトラウマを経験しており、以前の職場でのいじめの結果としてメンタルヘルスの問題を抱えているからだ。そのため、雇用されるスタッフへのコーチング、支援に加え柔軟な就業時間の設定などが必要となる。彼ら自身を自殺から守るために。

「クオリティ・オブ・ライフ」事務局の努力の甲斐あって、自殺は「正常ではない」との価値観が広まりつつある。以前は、自殺や自殺未遂、精神疾患や依存症について人々が話題にすることもなく、日常生活の一部として受け流されていたのだ。現在では、こうした問題についてよりオープンに議論されるようになり、その結果、治療を受ける人の数も増加傾向にある。

ヌナブト政府は、自殺危機を止めるためには、すべての不公正な問題に直ちに対処しなければならないと考えている。そのため、自殺防止戦略には、住宅の過密や経済的貧困、そして犯罪を減らすための支援を含む。社会的不公正を終わらせるためには、司法制度にも改革が必要だ。現在、タートルアイランドの矯正施設の多くには、過剰な人数の先住民と黒人が収容されているからだ。

カナダでは、先住民の投獄率が驚くほど高い。「六〇年代スクープ」や児童福祉政策が開始される以前、一九五〇年代から一九六〇年代にかけて刑務所に収監されていた先住民は二%にすぎない[48]。カナダ統計局によると、二〇一八年人口調査では、先住民はカナダの全人口の約四・一%を占める一方、二〇一六 - 二〇一七年度の州及び準州の刑務所での収監者のうち先住民が占める割合は二八%、連邦刑務所では二七%が先住民であった。一〇年前の数値が、州及び準州刑務所で二一%、連邦刑務所で一九%であることを考えれば、その数が上昇しているのがわかるだろう[49]。

制度的不正義の問題は、保釈政策、最低限の刑罰の義務、出廷しなかったり裁判所命令に従わなかったりするなどの「司法運営」上の罪にまで及んでいる。こうした状況の中、先住民族の法や伝統、修復的司法などを現行制度に組み込むよう求める声も多い。

歴史的に否定されてきた、コミュニティに対するあらゆる政治的・道徳的権限を、ただちに先住民族国家に戻さなくてはならないのは明らかだ。白人による入植が始まった直後に導入され、その後、数世紀にわたって強化されてきた現行のシステムの失敗は誰の目にも明らかである。そして、その失敗の結果がどこに現れているのか、これまでの章で詳しく述べてきた。再度、マーティン・ルーサー・キング・ジュニアの言葉を引いておこう。「正義は不可分である。ある人に降りかかった不正義は、すべての人の正義に対する脅威となる。(50)」

この不正義の歴史が真実であることを誰もが知っている。それなのに、自殺で命を絶った子どもの人生について、何人の母親にその悲しみを語らせればいいのか？　ノース・カリブー・レイクやイカルイト、ラク・ラ・ロンジュにいる母親たちが、何度それを語れば済むのか？

すでに悲嘆にくれるコミュニティで「また別の子どもの葬儀があるんだ。」と、小さなチャーター機に乗り込むアルビン・フィドラー。彼の嗚咽まじりの声を、私は何度聞かなければならないのだろうか？

「川岸で動きがある。警察のライトがあちこちに。遺体が見つかったようだ。」真夜中、私の携帯電話に点滅するメッセージ。何度も繰り返されてきたメッセージ。これからも目にしなくてはいけないのだろうか。

丸腰の先住民族の男性を射殺した人物が釈放されたというニュースを何度、聞かなければならないのだろうか？

一二〇〇人以上の殺害され行方不明になっている先住民の女性や少女の遺体が見つかったとの報を受けて、その発見された場所、人影のない岩場、周りには何もない道路、川のほとりに、何度、私は立つことになるのだろうか？

これまでの章で、私はカナダや世界中の先住民族の子どもたちの権利について取り上げてきた。私が強調したのは、健康の決定要因についてだ。それは、清潔な水が飲めること、適切な教育が受けられること、栄養価の高い食事が取れること、安全な住居で暮らせること、子どもたちが健全に育つ安全なコミュニティがあること、親が寝かしつけてくれ安心して眠れる夜が、子どもたちに必要だということだ。しかし、これは公民権だけの問題ではない。自由の問題でもある。

私は、ブラジルのグァラニ族に対する虐殺が現在もなお続いていることを取り上げた。ノルウェー、スウェーデン、フィンランド、そしてロシアの国土をまたいで生きるサーミ族、カナダの北方ではイヌイットの伝統的な生活様式が失われたこととの影響。米国における先住民族の絶滅政策。オーストラリアのアボリジニやトレス海峡諸島の人々に対する数十年にわたる人種差別的法制度についても言及した。

南アフリカのアパルトヘイトが、カナダのインディアン法に基づいてモデル化されたという事実にも触れた。ネルソン・マンデラはアパルトヘイトを終わらせることに彼の人生を捧げた。そして、彼の闘いは南アフリカを越えて広がった。マンデラ氏が政治の舞台に躍り出たのは、彼の釈放を求める世界中からの声に加え、人種抑圧的なシステムから二〇〇〇万人近い南アフリカの黒人の人々を解放しようとする、国際的な連帯運動の結果だ。活動家スティーブン・ヴァン・ザントとアーサー・ベイカーが立ち上げたアーティスツ・ユナイテッド・アゲインスト・アパルトヘイトは、一九八五年に南アフリカのアパルトヘイトを批判する曲「サン・シティ」をリリースし、ルー・リードやボノなどのアーティストたちが、白人だけが入場を許可されるリゾート地でのコンサートをキャンセル。ヨーロッパや北米の大学キャンパスは、抗議行動を起こす学生で溢れた。マンデラ氏自身は、アパルトヘイト撤廃の唯一の闘士と呼ばれることを拒否するだろう。それは、国内外の闘争に関わった膨大な数の仲間の手で勝ち取ったものだから。[51]「自由であることは、単に自分の鎖を断ち切ることではない。他者の自由を尊重し、高めるような生き方をすることである。」という有名な言葉がある。[52]

二〇一八年七月一八日、マンデラ氏の生誕一〇〇周年を記念する演説で、バラク・オバマがこの自由の闘士について「世界中であらゆるものを奪われてきた人々が抱く願望、少しだけまともな生活への希望、人間の行動に生じる道徳的な変化、これらはすべて実現可能であると身をもって教えてくれた人物」と称賛した。[53]

国家は、生き生きとした健康な子どもたちによってより強くなる。シンクレア上院議員が言うように、「社会が適切に機能し、その能力を完全に発揮するためには、子どもたちを育てなくてはならない。ソクラテスやプラトン、そして先住民族のエルダーたちのような哲学者が「人生の大いなる問題」と呼ぶものに子どもたちが答えられるような教育が必要だ。[54]」

本書の冒頭で紹介した四つの問いを覚えているだろうか―私はどこから来たのか？　私はどこへ行くのか？　私の役割は何か？　私は一体何者か？

人種や社会経済的背景にかかわらず、すべての子どもたちはこれらの質問に対する答えを知る必要がある。子どもたちは自分の祖先が誰で、英雄や悪人が誰なのか知る必要がある。子どもたちは、自分の家族の伝統や文化、自分たちが属するコミュニティについて知る必要がある。子どもたちは誰しもが、ありのままの自分として愛され、大切にされていると感じること、そしてこの世界で自分が帰属する社会の価値ある一員であると感じることが大切なのだ。

トーマス・キングがこう述べている。「しかし、この話を聞いていたら人生は違っていただろうと、この先何年も言い続けるのはやめてほしい。今、もう聞いたのだから。[55]」

Aaniin. Boozhoo.（こんにちは。）
Tanya Talaga Ndishinikaaz.（私の名はタニヤ・タラガ。）
Aaniin ezhinikaazoyan?（あなたの名は？）
Aandi wenjibaayan?（あなたはどこから来たのですか？）

私たちがどこから来たのか、はここに記した。私たちはずっとここにいたのだ。チー・ミグウェッチ（どうもありがとう）[56]。

謝辞

多くの声が一つになり、この本が生まれました。不正確さや事実誤認があれば、すべて私の責任です。本当に多くの人々がこの本を世に出すため支援してくださいました。ここで名前を上げて感謝を述べることができなかった皆さんも、私の心の中にいることを伝えておきます。

まず、ニシナベ・アスキー・ネイションのグランドチーフであるアルヴィン・フィドラー、そして彼の妻であり教育者でもあるテサ・フィドラーのお二人に知り合えた幸運を感謝します。多くの人々に勇気と力を与えてくれる、お二人の深い知識、弛まない献身、レジリエンスは衰えを知りません。お二人と共に未来に向かって歩むことを誇りに思います。

ポプラー・ヒル・ファースト・ネイション、ワペケカ・ファースト・ネイションの皆さん、ワペケカのチーフ、ブレナン・サインナワップ氏へ。そして、エイミー・オーウェン、カニーナ・スー・タートル、ジョリン・ウィンター、シャンテル・フォックス、アリーナ・ムース、ジェネラ・ラウンドスカイ、ジーニー・グレース・ブラウンのご家族に心からお悔やみ申し上げます。皆さんの強さは誰にも負けない。

エルダーのサム・アチニーピネシカム、毎日の激励、暖かい言葉、ユーモアのおかげで、私は揺らぐことなくつながり続けることができました。最大の尊敬を込めて。これからも旅が続きます。よろしくお願いします。サムの妹であるアナ・ベティ・アチニーピネシカムへ。道を切り開き続ける尊敬する闘士よ。共に闘い続けましょう。

オンタリオ州議会議員ソル・ママクワ氏、ジョン・カットフィート氏、オビデ・メルクレディ氏、マイケル・カールー医師、皆さんの声がこの本を育ててくれました。私たち先住民族の子どもたちの正義のために、これからも声をあげ続けてください。皆さんの活動は必ずや希望をもたらしてくれると信じています。

寄宿学校サバイバーの子孫である私たちにとって、マリー・シンクレア上院議員には感謝してもしきれません。アニシナベ族に伝わる「グランドファーザーの教え（七つの聖なる教えとも呼ばれる）」をまさに体現する存在です。彼の言葉や仕事、鋭い眼差し、そして真実の語り無くしては、私たちは途方に暮れてしまうことでしょう。

リー・マラクル、この本が進むべき方向に導いてくれたことに感謝します。あなたの強さ、支え、そして思いやりある後押しがなければ、この本が誕生することはありませんでした。

どんな急なお願いであっても、ナタン・オベドが、いつも友情と教えの学びに惜しみなく手を差し伸べてくれたこと、深く感謝します。あなたは天性のリーダー、教育者であり、真実の語り部です。イヌイット・タピリイト・カナタミが策定した「イヌイット自殺予防戦略」は前進の証です。私たちのきょうだいであるイヌイットが先頭に立ってくれています。アダム・アクピックさん、イカルットを案内してくれてありがとう。ムシュゲコワック協議会のグランドチーフ、ジョナサン・ソロモン氏、あなたの言葉と若者たちへの果てなき献身は、強さの好例そのものです。

エド・メタタワビンとマイク・メタタワビンへ。お二人の人生、言葉、そして仕事から多くを学ぶことができました。正義のために徹底した探求を決して諦めない、その姿勢に感謝します。

ヘイデン・キング、アラン・コルビエールを紹介してくれてありがとうございます。アラン、あなたと知り合えたことを光栄に思います。的確なアドバイスに感謝します。

マイケル・ハインツマン、繰り返しになりますが、あなたの揺るぎない支援と強い意志がなければ、私は途方に暮れたことでしょう。以前にも伝えましたが、ここでもう一度言わせてください。あなた以上に最高の仕事をできる人はいませんよ。ルーク・ハンター氏、条約第九号の解釈について、寛大なご支援いただき感謝します。デレック・フォックス、この本だけでなく、若い世代と続けている献身的なそのお仕事に感謝を。

原著の出版社アナンシの皆さんへ。ローラ・マイヤー、マリア・ゴリコヴァ、アレクサンドラ・トルンカ、アリシア・スーチャック、ローラ・ブレイディ、イリーナ・マラコーヴァ、マット・ウィリアムズ、サラ・マクラクラン。皆で、山をまた一つ動かせたように思います。サラ、最後まで目を離さず見守ってくれてありがとう。ピーター・ノーマンとジリアン・ワッツ、最後の最後で大きな仕事をしてくれました。どうもありがとう。

編集者のジェイニー・ユンへ。あなたが編集者でなければ、この本が世に出ることはありませんでした。深い尊敬と愛を込めて、心から感謝申し上げます。どつぼにはまっている私を引きずり出し、一緒に座ってくれましたね。どれほど多くの時間を犠牲にし、あなたの知恵を駆使してこの原稿を読み込んでくれたことか。一連のマッシー・レクチャーは、まさにあなたとの偉大なパートナーシップの賜物です。友人であることを光栄に思います。

私の本拠地であるトロント・スター紙の仲間たちへ。同社のニュース編集室の支援がなければこの仕事をなし遂げることはできませんでした。人々の語りを抜群の編集能力で書き上げる編集者リン・マッコーリーと一緒に仕事ができたことに感謝します。アイリーン・ジェントル、スタッフを信じてくれてありがとう。ジョン・ホンデリック、スターの仲間はなんと素晴らしい家族のような存在なのでしょう。人々のための新聞として、その声を届け続けましょう。アトキンソン財団の皆さん、コレット・マーフィーとジェン・ミラーに。世界がより公平な場所になるようにと、この機会を与えてくださったことに感謝申し上げます。

ヘレン・ミルロイとローズ・ルメイ、お二人は模範を示してくださいました。創造主が二人を私の人生に引き合わせたのには理由があったのでしょう。お二人の導きを得られたこと、光栄に存じます。

レスリー・ボンショール、私に連絡をくれてあなたに会う必要があると言ってくれたこと、とても嬉しく思います。いつものように、あなたは正しかった。仕事を頑張って続けてください、そしてストロー・ネイションを紹介くださったことに感謝します。マギー・ペティ、あなたのその優しい心がどれほど多くの人を癒してきたでしょう。ワバノ・センターのスタッフの皆さんへ。皆さんの仕事に畏敬の念を抱いています。素晴らしい女性チームに大いに刺激を受けました。ジャック・ヒックス、調査とお時間ありがとうございます。

フィリップ・コールターとグレッグ・ケリー、この素晴らしい機会を私に与えてくれ、後方からしっかりと私を支えてくれました。ありがとう。スチュアート・コックス、確かなビジョンを持つあなたは、常に適切なアドバイスをくれました。

シンディ・ブラックストックへ。いつものように、あなたは私たちを導いてくれる人。先住民族の子ども・家族支援協会のたゆまぬ努力なしには、この仕事をやり遂げることはできませんでした。ライリー・イェスノ、あなたこそ未来です。あなたの素晴らしい行動力を応援できて光栄です。調査を手伝ってくれたエヴァン・グラントとアリソン・グランドもありがとう。

いつものように、多くの友人、家族、そして愛する人たちから、計り知れないほどの支援をいただきました。昨年は、特にお願いすることが多かった年でしたね。

ダーク・ハイヤー、健康の決定要因について相談に乗ってくれてありがとう。

ミシェル・シェパード、あなたの強さと笑いのおかげで自分を保つことができました。パティ・ウィンザ、リタ・デイリー、ジャスティン・ケィゼリング、シャンテル・ブライソン、みんなありがとう。

私の母、シーラ・バン・スライトマンへ。私の人生に大きな影響を与えてきた母。あなたはいつも私のヒーローです。どうやって人々を導き、愛おしむかを教えてくれました。私の兄、ユーリ、モーリン、ジョセフ、トーマスに。たくさんのことを教えてくれてありがとう。私の亡き姉、ドナへ。あなたの魂はどこまでも私と共にあります。祖母のマーガレット、叔父のモーリスとビル、叔母のシェリル、亡き叔父のアルヴィー、私たちの魂がつながり合っているのを強く感じます。そして、すべてのつながりに。私たちにはレジリエンスの力がある。

私の子ども、ウィリアムとナターシャに。いつもたくさんのことをお願いしてばかりですね。どんな時でも、私にハグしたり鼻をくっつけては笑顔をくれました。二人がどれほど皆に愛されているか、そして、あなたたちはとても強い民族の出身であることを忘れないで。あなたたちなしでは、この仕事をやり遂げることはできませんでした。最後に、私の心からの願いは、すべてのつながりが先住民族の若者たちに誇りと帰属意識を与え、彼らがその大きな連続体の一部であると理解してくれることです。

私たちを未来へと導くのは、子どもたちです。

ヌヌブト準州のクマニトゥックにて

二〇一八年九月

訳者あとがき

本書はTanya Talaga, All Our Relations – Finding the Path Forward (House of Anansi Press, 2018) の全訳である。本文中、〔 〕でくくった部分は訳者による補足である。

著者タニヤ・タラガの一作目Seven Fallen Feathers: Racism, Death, and Hard Truths in a Northern City (House of Anansi Press, 2017)（邦訳『命を落とした七つの羽根―カナダ先住民族とレイシズム、死、そして「真実」』青土社, 2021）は、現代に生きるカナダ先住民の子どもたちの死、そしてその家族やコミュニティの苦悩、その一方にある警察、政治、メディアによる無視・無関心の実態を広く社会に問うた作品として二〇一七年に発表された。カナダや米国で高い評価を得てベストセラーとなり、二〇一八年にカナダ文学ノンフィクション最高作品に贈られるRBCテイラー賞を受賞した。「自分の中の何かが大きく変わることなく読み終えることは出来ない」と評される作品であるが、その最大のインパクトを引き受けたのは著者本人であったろう。トロント・スター紙でフルタイムの記者として働きつつ、一年三ヶ月をかけて『命を落とした七つの羽根』を執筆し終えたタラガの疲労は限界に達していた。そんな彼女に、同僚の記者らが公共政策分野のアトキンソン・フェロー[1]に応募することを勧めた。経験豊富なカナダ人ジャーナリストに贈られる奨学金で、受賞者には重要な公共政策問題について一年間の調査を進めるための財政支援が提供される。二〇一七―一八年度のフェローに選ばれると、先住民の若者の間に広がる自殺の問題に焦点を当て調査を開始。その後、タラガは、二〇一八年のマッシー・レクチャーの登壇者に選ばれる。マッシー・レクチャーは、前カナダ総督ヴィンセント・マッシーを記念して一九六一年に発足、現代の重要な思想家が今日的課題を社会に発信するためのラジオを利用したフォーラムである。タラガはオンタリオ州サンダーベイを皮切りに全国五つの都市を巡回する連続公演(2)を希望し実現した。各地での講演には地元の先住民族コミュニティからも多くの人々が駆けつけた。講演はその後、タラガが特別に行ったインタビューも交えて、CBCのラジオ番組「アイディア」(3)の一部として二〇一八年十一月に放送された。番組は現在も公開されているので、ご視聴をお勧めする。そして、その五回連続講演のテキストとして構成・出版されたのが本書 All Our Relations - Finding the Path Forward である。

カナダ、アメリカから北欧、ブラジル、オーストラリアまで、植民地化された国々での先住民たちの経験は驚くほど似ている。それは「自殺パンデミック」と呼ばれる現象だ。先住民族の子どもや若者が自らの手で命を絶っているのである。カナダでは、自殺と自傷行為が先住民の若者と四四歳までの大人の死因の第一位を占める。ネイティブ・アメリカンの自殺率は全国平均の三倍から十倍。北欧のサーミ族の間では三人に一人が自殺を考えたり試みたことがあるという。ブラジルのアマゾナス州では、先住民族の自殺率は非先住民の三四倍と極端に高い。オーストラリアのアボリジニの自殺率は非先住民の三倍、一五歳から三十四歳の先住民の若者では死因の第一位が意図的な自傷行為という。先住民族社会では自殺は現代的な現象だ。本書は、先住民族の若者の間に広がる自殺パンデミックの実態や影響に迫り、また、その要因として先住民族をその土地や文化、そして家族から引き離してきた植民地政策との間に明確で説得力のある関係を引き出した作品である。『命を落とした七つの羽根』同様、二作目もベストセラーとなり現在も広く読み続けられている。二〇二〇年には、英国及びオーストラリアでも副題を変えてScribeより出版されている。カナダで出版されたオリジナルの副題Finding the Path Forwardは、Scribe版ではIndigenous Trauma in the Shadow of Colonialismと変更されている。英国及びオーストラリアでは、一作目の『命を落とした七つの羽根』に先行して出版されることになった事情もあり、植民地主義がもたらす先住民族のトラウマという問題意識を強調した副題がつけられたのだろう。タラガの著作は、日本では二作目となることも勘案し、邦訳タイトルは、二つの副題を合わせた『私たちの進む道—植民地主義の陰と先住民族のトラウマを乗り越えるために』とした。

『命を落とした七つの羽根』が報道記者としての語りから始まる一方、本書『私たちの進む道』ではタラガを取り巻く家族関係、彼女の幼少期の記憶が語られる。タラガの父はポーランド系カナダ人、母はフォート・ウイリアム・ファースト・ネイション出身のアニシナベ族。母を育てた祖母は先住民寄宿学校サバイバーであった。五歳の時に、サスカチュワン州ダック・レイクにあったセント・マイケル先住民寄宿学校に送られるや否や、そこで姉が死亡し埋葬されていることを知る。今日、多くの寄宿学校サバイバーやその親族が、寄宿学校で亡くなった先祖がどこに埋葬されているかもわからないことを考えれば、姉の墓がどこにあるかを知っているだけでも祖母はマシかもしれない、とタラガは言う。一八九四年にローマ・カトリック教会によって開設・運営されたセント・マイケル寄宿学校については、一九一〇年の時点ですでにインディアン省行政官のマッカーサーが「子どもの半数が(主に結核で)死亡している」と報告していた事実が見つかっている。[4] 寄宿学校を生き延びた祖母は、そこで叩き込まれた「全てのインディアンは汚い」という呪いの言葉のせいか、家庭ではアニシナベ語を禁止し、夫が話したい時には外に出て会話をしていたと言う。タラガの母はそのような両親の元で育った。母には三人の兄弟がいたのだが、「六〇年代スクープ」（3章）と呼ばれる児童福祉制度のもとで養育されてきたため、家族やきょうだいが再会したのはタラガが二〇代になってからだ。また、タラガの母は一〇代の時に妊娠した娘（タラガの姉）を養子に出しており、姉妹が再会を果たしたのはタラガが二四、五歳になってからだという。

全ての先住民の人々同様、タラガの家族もカナダ政府による植民地支配、寄宿学校制度、同化政策の影響を受けている。と同時に、ジャーナリストの仕事を通じて今日の主流社会が何を知り、何を知らないまま暮らしているのかも十分理解する。彼女の問題意識はクリアだ。「なぜ、人々は無視し続けることができるのか。」本書は、一作目の主題である七人の先住民の若者が命を落としたオンタリオ州のサンダーベイの川沿いを出発し、イヌイットを含むカナダ全土、北欧のサーミ族、米国、ブラジル、そしてオーストラリアへと読者を導きながら、植民地化された国々の状況―先住民族の若者、とりわけ若い男性の自殺率の高さ―を一つひとつ丁寧に拾い集めていく。

ここには、全ての被植民者に共通する歴史、語りがある。トラウマ、子ども時代に自殺傾向にさらされる、差別的な法律や政策の歴史、精神文化的アイデンティティの欠如。…先住民族の人々にとって、その生活体験の根底にあるのは虐殺というリアリティである。（1章 pp.16-17）

現代のカナダで、生活体験の根底にある虐殺…と言われても、多くの人にとって、そのリアリティは皆無であり、それを聞いたところで生活が様変わりするわけでもない。しかし、それも二〇二一年五月末までのことだ。五月の終わり、ブリティッシュ・コロンビア州（以下、BC州）のカムループスにあったカムループス先住民寄宿学校（1890-1969）[5]の敷地付近を地中レーダーにより調査したところ、二一五体の子どもの遺骨が地中に埋葬されていることが確認されたと、トゥカムループス・トゥ・シュウスワップ・ファースト・ネイションのチーフであるロザンヌ・カシミアが発表した。日本でも新聞やテレビのニュースで知り驚いた人も多いだろう。一八六七年のカナダ建国（自治領カナダ政府の設立）以降、カナダ政府は先住民族の子どもを先住民寄宿学校に強制的に入学させてきた。教会が運営する先住民学校はカナダ建国以前の一八三一年から既に存在しており、一八八〇年代からは政府の同化政策の一環として、教会が運営する学校に国から予算が投入されるようになる。また、一九二〇年のインディアン法改定により、七歳から一五歳までの全ての先住民族の子どもは寄宿学校に入学が義務化された[6]。一九九六年に最後の学校が閉校されるまで全国に一三九校があったことが知られているが、この数は、二〇〇七年にカナダ政府が発表した「先住民寄宿学校和解契約」に含まれる学校のみである。一五万人もの先住民の子どもたちが送られたというのも、この連邦政府管轄下にあった学校の子どもの数だ。アルゴマ大学のスティーヴス博士らの研究グループの集計では、和解契約の対象外である寄宿学校を含めると一五八、これ以外に通学型のインディアン・ディ・スクールが全国に六七五、さらに先住民病院が三二、合計八六五もの施設が確認されている（二〇二一年一二月現在）[7]。これらの場所で「教育」「同化」の名の下に、身体的・精神的暴力の被害を受けた子どもの数はディ・スクールに通った二〇万人[8]を加えると、少なくとも三七万人と推測される。

カムループス先住民寄宿学校は五〇〇人の子どもたちを抱えるカナダ最大の学校であり、真実和解委員会の調査では五一名の死亡者が特定されていた[9]。二〇二一年五月末に公表された二一五の数字は、これに含まれない「死亡記録、埋葬記録の無い」子どもたちの遺骨である。その後、同様の地中レーダー調査を終えた複数の先住民族コミュニティからのニュースが相次いだ。[10] 六月には、マニトバ州ブランドンに位置するスー・バレー・ダコタ・ネイションが、ブランドン先住民寄宿学校（1895-1972）[11] 跡地において二〇一九年より開始していた調査で一〇四の遺骨（うち七八は死亡記録により個人を特定）を確認していることを発表。学校閉鎖後、埋葬地は地元自治体、そして個人へと転売され、近年はオートキャンプ場として利用されていた。続いて、サスカチュワン州のカウェセス・ファースト・ネイションが、マリヴァル先住民寄宿学校（1899-1987）[12] の敷地内で七五一の墓標のない遺骨を確認と発表。全てが子どものものでは無いとされたが、真実和解委員会で確認されている九名の死亡者数との整合性をどう考えれば良いのか、多くの人が理解に窮した。BC州クランブルックでは、ローワー・クートニー・バンドが聖ユージン寄宿学校（1890-1970）[13] 跡地付近で一八二の遺骨が確認されたと発表（真実和解委員会調査では一八名の死亡者）。この学校建物は現在もゴルフリゾートとして改装され運営されている。また、七月には、同州ビクトリア島にあったクーパー・アイランド先住民寄宿学校（1889-1975）[14] 跡地での調査で、一六〇の遺骨を確認とペネラクート族が報告。この五つの施設跡地での地中レーダー調査だけで、一四〇〇を超える数字なのだ。真実和解委員会調査報告で記された、一三九校で少なくとも三二〇〇人が死亡という推定と、今後明らかにされる実態とがどれほどかけ離れたものになるかを想像してほしい。真実和解委員会の委員長を務めたマリー・シンクレアは、実際の数字は二万五〇〇〇人に近いのではと言う[15]。

これだけの死者数と、寄宿学校やディ・スクールへ強制入学させられた子どもの数が三七万人近くになるこの事実を「大量虐殺《ジェノサイド》」と言わずして何と呼びうるのか。主要メディアの報道は遺骨が「発見された」との見出しが多数を占めた。日本での報道もほとんどがそうだった。トゥカムループス・トゥ・

シュゥスワップのチーフ・カシミアは、遺骨が「確認された」と言葉づかいの正確さを要求する。先住民族は知っていたのである。亡くなった子どもを埋葬するために、土を掘るよう指示された子どもがサバイバーとして証言してきたのだから。[16] しかし、こうした声は「まさかそんなことがあるはずない」という反応や、嘘をついているのではないかとの声に容易にかき消されてきた。当事者もトラウマ反応の引き金になる記憶を封じ込めようとする。個人が抱えてきた真実はこうして闇に葬られ、今日まで社会が知る機会も失われてしまった。しかし、その責任は被害者であるサバイバーにあるのではない。本書でも取り上げられるように、カナダ政府はその事実を当初から知っていた。一九〇七年、カナダの公衆衛生の最高責任者ピーター・ブライス博士は寄宿学校では児童のうち二五％近くが死亡との報告を出し、この死亡率の高さは学校を運営する教会並びに政府にあると糾弾している（4章）。ファースト・ネイションズ本会議の議長アーチボールドは、「今後、この施設を学校とは呼ばない。墓場付きの学校など聞いたこともないから。」とトルドー首相が十月にようやくカムループスを訪問した際に明言した。カウェセス・ファースト・ネイションのチーフ・デロームは「犯罪現場として」地中レーダー調査を進めると言う。今後も全土の施設跡地での捜査が進むと言われているが、コミュニティ内での同意、専門技術の確保など課題は多い。[17] また、サバイバー、その家族にとって遺骨確認のニュースはトラウマを引き起こすため、心のケアとそれぞれの民族の伝統に即して慎重に進めることが必要だ。[18] 折しも、新型コロナ対策で、先住民族コミュニティのリーダーらは腰を据えて取り組む余裕がない。居留地の中には、過密状態の住居、飲料水の煮沸勧告が数十年続き、手の洗浄さえ十分にできないコミュニティも存在する。家庭内、コミュニティ内で感染者が出たとなれば、どこに隔離するのか、医療体制が極度に悪い僻地の居留地でどう対応すればよいのか、対応に追われる日々が続く。

本書の中で、タラガは「国家の物語」として排除され、隠蔽されてきた歴史の扉を開こうとする。カナダ、米国、ブラジル、北欧、オーストラリア、これらの入植植民地に共通する大量虐殺と土地略奪。国家創生に埋め込まれた虐殺という史実は、支配階級であった学術や政治権力が長らく受け入れを拒んできたが、現在ではその証拠が明るみになることである程度の理解を得るようにはなった。しかし、こうした新たな見解も消滅の危機にしばしば見舞われるのはなぜか。米国で二〇一四年に出版されベストセラーになった『An Indigenous Peoples History of the United States（先住民族から見た米国史）[19]』の中で、歴史家ロクサーヌ・ダンバー＝オルティスは、われわれが教えられてきた国家創世の神話はその本質において不正なのだ、という。植民地主義とは、大量虐殺を人々の内面に植え付けることであり、この神話が今日も根強く残るのは、言論の自由の欠如や情報の乏しさのためではない。物語の筋書きに対して、「核心を突くような問いを発するモチベーションが欠如している」からだと述べる。問いを発することがなければ、おぞましい虐殺の事実に対しても沈黙を守るほかはない。そして沈黙は承認のしるしとなり暴力は永続する。ここで恐ろしいのは、無知や沈黙が、自分の属していないグループや民族に対する軽視や蔑視、差別に結びつきやすいことだ。

さて、本書のもう一つの重要なテーマである先住民族のトラウマについて。トラウマという言葉は、一般的には、過去の出来事が現在もなんらかの精神的影響をもたらしている状態に広く使われている。米国精神医学会診断統計マニュアル第五版の基準によれば、ＰＴＳＤ（心的外傷後ストレス障害）とは、実際にまたは危うく死ぬ、深刻な怪我を負う、性的暴力など、精神的衝撃を受けるトラウマ（心的外傷）体験に晒されたことで生じる、特徴的なストレス症状群のことをさす。[20]大地震などの災害、暴力、深刻な性被害、戦闘、虐待などが挙げられ、その直接の被害者となるだけでなく、こうした出来事に他人が巻き込まれるのを目撃することや、家族や親しい者が巻き込まれたのを知ることもトラウマ体験となる。植民地支配によって先住民族にもたらされた外傷的事件の数々、それによって引き起こされるトラウマ反応は、植民地支配の手段である抑圧と暴力によって増幅され、サバイバーは深い沼へと引き込まれてゆく。先住民寄宿学校のサバイバーであるエド（2章）やランス（5章）、強制移住と家族同然であった犬の大量殺害を目撃したコパ（2章）、たった一人の聖職者による五〇〇人もの少年たちへの性的虐待とその影響を調査したマイク（3章）、息子の自殺と友人らの自殺に苦悶する母マーゴ（3章）、それぞれの体験は多くの読者にとって全く未知の世界の話だろう。しかし、これらは決して特異なケースなどではなく、先住民族を貫く虐殺の歴史を形づくってきた出来事だ。

今日の先住民族の若者は、不安定さが常態化した世界に生まれてくることが多い。薬物依存の問題を抱える親や、極度の貧困の中で生活している親、あるいは、親自身の育った環境のせいで育児のノウハウを欠いた親たち。子どもたちは極めて排他的な社会に生まれてくるため、自殺の危険があるだけでなく、性的虐待やガソリンや薬物を乱用するなどの自己破壊的行動の割合も高い。（3章 p76）

依存症の専門家であるガボール・マテ医師[21]（4章）は、BC州最大の都市バンクーバー発祥の地ガスタウンに隣接するダウンタウン・イーストサイド（DTES）と呼ばれる地区で長年、薬物依存の人々を治療・支援してきた人物だ。DTESは、ホームレス、麻薬、売春がはびこる「行ってはいけない危険地区」と観光ガイドは書き続ける。しかし、煌びやかな都市の風景の中にこのような場所がなぜあるのかを知る人はそう多くない。ところで、「世界の最も住みやすい都市」ランキングの常連で、住宅相場が一億円というバンクーバーがカナダの領土ではなく、マスクゥーム、スクァミッシュ、スレィワトゥース・ファースト・ネイションズの伝統的な土地[22]であることを知る人はどのくらいいるだろうか。この三つの先住民族国家とカナダ政府の間には、土地譲渡に関する条約はない[23]。DTESは、カナダ植民地建設と先住民族虐殺の歴史が生々しく残る場所だ。寄宿学校の歴史に加え、もう一つのカナダの闇であり続ける「失踪・殺害された先住民女性と少女[24]」という一連の事件が広く知られるきっかけとなった、ロバート・ピクトン受刑囚による連続女性殺人事件。三三人もの女性と考えられる遺体の一部がピクトンの養豚場から発見された事件だ。その被害者の多くがDTESに暮らしていた先住民女性であった。伝統的な土地を追われ居留地に押し込まれ、先住民寄宿学校を生き延びた後に、薬物依存になりながらもホームレスとして暮らす場所がDTESなのだ。依存症について語ったTEDトーク「依存の力、力への依存[25]」で、依存とは痛みからの逃避であるとマテ医師は説明する。そして、その痛みの起源は幼少期に受けた虐待であるとも。特に児童への性的虐待、さらに言えば男児への性的虐待がもたらすトラウマの深さと、時空を超えて拡がる破壊的暴力は想像を絶する（3章、カナダ最大の犠牲者を出した小児性愛者で聖職者のラルフ・ロウがもたらした被害）。そして、植民地支配が続く国では、その痛みをもたらす側（侵略者、マジョリティ）もまた権力への依存を内に抱えているために、他者への恐怖、自己に対する不安が権力への依存をさらに強めるとマテは分析する。

先住民の虐殺・同化政策に加え、入植植民地国家は先住民族の土地略奪なしには成立し得ない。「誰のものでもない土地（terra nullius）」に生きてきた先住民族は、土地は皆のものであり所有できないと考えてきた。しかし、植民地支配者たる帝国は所有・占領に固執する。列強、大国、主要先進国と時代とともに呼称は変化するが、そこに一貫するのは、自国の利益のみを追求して資源の豊かな貧しい国を収奪し、抵抗があれば武力干渉その他の卑劣な手段でそれを圧殺してきた国々の姿ではないだろうか。『Unsettling Canada（動揺するカナダ）』[26]や『The Reconciliation Manifesto（和解のためのマニフェスト）』[27]の著者アーサー・マニュエルは、二〇一七年に建国一五〇年を祝うカナダの人々に対し「われわれの土地の九九・八％を奪い、〇・〇二％の居留地に先住民族を押し込めておいて、カナダは何を祝おうというのか？」[28]と問いかけた。

世界第二位の国土を有するカナダは、一八世紀初頭から数多の先住民族国家と条約（一七〇一年～一九二三年）を結び国土を拡大してきた。しかし、三準州に加え、BC州、ケベック州、ニューファンドランド州の大部分は条約のない土地であり[29]、一九七〇年代以降から、包括的土地協定（comprehensive claims）としてカナダ連邦・州政府と各先住民族国家との間で条約締結の協議が進められている。一八七一年、英国領コロンビアがカナダ自治領に加盟、現在のBC州が誕生した。先住民族国家との条約締結プロセスを経て設立されたオンタリオからマニトバまでの内陸州とは異なり、BC州政府は当地に暮らしていた先住民族の土地・権利を完全に無視した。すでに毛皮貿易、漁業、金鉱開発など先住民族との関係があったにもかかわらず、その存在は無いものとしたのだ。条約という法的根拠が存在するのは、州都ビクトリア市を含むビクトリア島の先端一部（ダグラス条約）[30]と、アルバータ州に跨る北東部の条約八号地域のみである。BC州で先住民族国家との条約締結協議が開始されたのは一九九〇年代に入ってからだ[31]。二〇二一年現在、六六の条約交渉が進んでおり[32]、先住民族国家は自らの権利

（Aboriginal rights)[33]、先住民族の権利に関する国連宣言の中の Rights of Indigenous Peoples)[34]の一環として土地権原（Aboriginal land title）を主張している。[35]つまり、BC州の大部分の土地が誰のものなのかは、法的にも未解決のままなのである。近代的なカナダ先住民運動を率いた伝説的マニュエル家の女性二人、[36]ドリーン・マニュエルとカナフス・マニュエルが、ジャーナリストのナオミ・クラインによるインタビュー[37]で、先住民族から土地を奪うために子どもを連れ去った、と語っている。そして、カナダで最大領土を有するシュウスワップ・ネイションの土地、それが譲渡されない土地だからこそ、カナダ最大のカムループス寄宿学校を建設し、子どもを略奪することによって建国の目的を果たしたのだろうと言う。

条約もなく先住民族の土地や資源を略奪するという植民地支配のパラダイムに変化の兆しはある。先住民族国家との包括的土地協定の交渉を進めず、BC州が材木伐採許可を発行し続けることに業を煮やしたギックサン・ネイション[38]とウェットスウェテン・ネイション[39]は、一九八七年、先住民権・土地権原の確認を求める訴訟を起こした。最終的に、一九九七年の連邦最高裁判決（デルガムーク判決）では、先住民族の土地権限が「それ自体に特有の」性質を持つこと、英国のコモン・ロー と共に先住民族の法システムが同等の重みを持つことが認められた。また、二十数年にわたり土地権原を訴えてきたチルコーティン・ネイション[40]に対して、二〇一四年、連邦最高裁が先住民族の特定の領域に対して土地権原を初めて承認するという歴史的判決を下している。[41]しかし、資源開発（鉱物採掘、森林伐採、ガス油田開発）が進められる際には、既存のルールとの整合性を保とうとする力が強く働く。5章では土地と資源開発をめぐる、先住民族の抵抗運動が取り上げられているが、カナダや米国のような植民地国家、鉱物や石油・ガスなどの地下資源の輸出大国では、土地権原を主張する先住民族が事業そのものに抵抗を示そうものなら、侵略者の暴力がそのおぞましい姿を現す。カナダのアルバータ州と米国カンザス州を結ぶキーストンXLパイプライン（二〇二一年六月、事業者が中止を決定）は国民を二分する政治問題化し、米国ノースダコタ州からイリノイ州の石油ターミナルをつなぐダコタ・アクセス・パイプライン（二〇二〇年七月、米国連邦裁判所が事業一時停止の判決）では、長期にわたる先住民族の抵抗に対し、殺傷能力を有する武器を手にした大量の警察や戦車が、暴力でプロテスターらを排除する様子を世界中のメディアが伝えた(42)。

二〇一六年、カナダのトルドー首相が国益にかなうと承認したトランス・マウンテン拡張事業は、一九五〇年代に建設されたパイプラインを新たにし、アルバータ州エドモントンからBC州カムループスを経由してバンクーバー近郊のバーナビーまで拡張する石油パイプライン拡張事業である。しかし、事業主であるキンダー・モルガンが二〇一八年に売却を決定したため、カナダ政府がその所有権を買収し、現在もパイプライン建設工事が続く。この事業に抵抗するため、先住民族グループによる工事地点の占拠が続いている。民族の伝統的土地を流れる川底をパイプラインが走ることに抵抗する、川の守り人としての運動だ。タイニー・ハウス・ウォリアー(43)と呼ばれるこの運動を率いているのが先に紹介したカナフス・マニュエルである。また、二〇一八年に事業承認されたLNGカナダは、BC州モントニーで採掘するシェールガスを六七〇キロメートルに及ぶパイプラインでキティマットまで運んで液化し、主にアジア市場に対し輸出を行う大規模なエネルギー投資事業である(44)。英国とオランダを本拠地とするロイヤル・ダッチ・シェル、マレーシア国営企業ペトロナス、中国石油最大手のペトロチャイナ、日本の三菱商事、韓国国営企業KOGASの資本が入る。二〇二五年からの操業を目指し建設工事が進められており、東京ガス及び東京電力と中部電力の合弁会社JERAもLNG購入に基本合意している。採掘先から液化・輸出までの工程を結ぶ事業はコースタル・ガスリンク・パイプラインと呼ばれ、ここでも川底を通過するパイプライン建設に反対するウェットスウェテン・ネイションの抵抗が続いている。[45]
二つの抵抗運動にはいくつかの共通点がある。国家やローバルマネーが推し進める巨大事業では、当然、長い時間をかけて環境アセスメントや事業関係者（先住民族を含む）との法的合意手続きが実施される。それゆえ、多くの人々が「先住民も合意の上での事業なのに、なぜ今更反対するのか？」と考えるのだ。しかし、事業計画のテーブルに招かれるのは、カナダ政府が認定した居留地の先住民自治組織（バンド）であり、世襲制のチーフを有する伝統的な先住民族政府ではない。[46] 土地権原を含む先住民族の権利が法廷で争われている隙を縫って、政府や企業はカナダ政府お墨付きのバンド・リーダーと手を結ぶ。バンドは、カナダ政府が配分する行政予算の受託事務役に過ぎない。民主的選挙で選ばれたチーフやバンド議員らが有するのは、居留地内の開発事業に対する決定権限のみであり、居留地外の土地利用に関する決定権はない。居留地内のインフラ整備から、住宅、教育、保健サービスまで、いくらお金があっても足りない状況で、巨大事業承認の対価として補償金を提示されれば受け入れざるを得ない。パイプラインのような複数の先住民族国家をまたがる事業では、先住民族の主権や法を無視しつつ、都合の良いバンドとのみ手を結び「先住民族との合意に至った」と喧伝するのが、植民者（政府も企業も）の常套手段「分裂させて征服せよ」の戦略なのだ。
先住民族も決して一枚岩ではない。それぞれに抱える事情があり、独立した国家であるからこそ他のコミュニティの内政に干渉することは控えられる。こうした状況にあって声を上げるのが女性たちなのは、アイドル・ノー・モア運動[47]からの大きな流れであろう。西欧型の男性を中心とした政治体制によって抑圧されてきた女性の力の復活である。しかし、非暴力による女性を中心とした抵抗運動に植民者は容赦無く暴力を繰り出す。自らの民族が長く暮らし続けてきた土地で、工事車両の進入を防ぐバリケードを築くや否や、事業者が雇った警備員や警察が退去命令の令状を突きつける。それでも抵抗が続けば、銃口を突きつけプロテスターを逮捕する。バリケードや建物は焼き払われ、逮捕されれば下着一枚で独房に勾留され、裁判所からの「工事現場への接近を禁止する（自らの土地へ戻ることを禁じられる）」との条件に合意しなければ釈放されない。百五〇年以上前にあった暴力的な強制移住、居留地や寄宿舎学校での隔離、身体的暴力は二〇二一年になってもなお続いている。ただ、当時と事情が違うのは、剥き出しの暴力映像がソーシャルメディアを通じて瞬時に世界に伝わるようになったことだ[48]。私たちは、今、この目でそれを目撃している。

人間が地球にダメージを与えれば与えるほど、われわれ先住民族は衰え、破壊された大地と共に空洞化するんだ、とエドが言う。インディアンを大地から引き剥がし、彼らの言語、文化、思考様式、伝統的な生活様式から引き離せば、彼らの魂は崩壊し始める。ブルドーザーが湿原に突き刺さるたびに、その傷は広がる。（2章 p37）

永遠と続く大量の子どもたちの遺骨確認のニュース、全国各地で市街地の一等地にあった建国の父と称えられた人物らの銅像が引き倒され、議事堂や教会には亡くなった子どもたちに供えられた膨大な数の小さな靴やぬいぐるみ、オレンジ色のシャツやリボンの波が揺れる。また、先住民の女性たちや非先住民のアライ（同盟者）に向けられる銃口、警察による逮捕。出口の見えないコロナ禍にあって、これらのイメージや実体験が、先住民族だけでなく全ての人々の心に大きな傷を残した二〇二一年だった。私たちは、何が起きているのかを知っている。問題は、なぜそれを無視できるのか、ということだ。4

章でマイク・カールー医師がタラガにこう呟く。「気に留めないように慣らされると、どんな状況においても無関心になれるのです。そこにあるのは無関心という名の暴力です。」本書を読み終えた読者には、この暴力が向かう先が、単に植民者が恐れをなした他者（先住民族）だけでなく、自己に対する不安を隠し続けてきた社会のマジョリティであることがわかるのではないだろうか。

二〇二一年九月三〇日。真実和解委員会が二〇一五年に提言した「九四の行動要請」の一つとして、「真実と和解の日」が連邦政府の休日に指定された。各州・準州はそれぞれの判断に任され、マニトバ、ノバ・スコシア、プリンスエドワードの三州のみが法定休日に指定。それでも、カナダ全土の各地で、集会や手探りの追悼式典が行われた。当日、トルドー首相はカムループスに招待されていたにもかかわらず、家族休暇のために保養地を訪れていたことがスクープされ、先住民族のみならず多くの人々を失望させた。先住民にとっては、親族の犠牲者を追悼し二度と悲劇を繰り返さないことを心に誓う「真実と和解の日」。真実和解委員会を率いたマリー・シンクレアがラジオ番組のインタビュー[49]で、カナダ社会、非先住民の人々は一体何をすべきか？と質問され、こう答えている。「良い白人であるにはどうすべきかを先住民が教えるのはおかしくないですか？　良い人間であるために、私たちは私たちの子どもに知恵を授けていくしかない。」

私たちはどこから来たのか。先祖は誰なのか。先住民族の世界観では、私という存在も実はこの世を歩いている精霊に過ぎない（1章）。私はどこへ行くのか。死んだ後、私たちは精霊となり創造主のもとに帰る。それでは、私の役割とは何か。なぜ、私はここにいるのか。エルダーは、創造主がその子に授けた精霊を探り出して命名するという。多くの先住民が持つスピリット名には、その人が担うべき役割が示されている。良い人生を送る（3章）とは、その役割を果たすために何をすればよいか、人生をかけて探求し行動すること。私は一体何者か。この質問に答えられるのは、精霊が創造主のもとに帰る、つまり死の直前だという。これまでにつながってきた人々や自分がしてきたこと全てが、私が何者であるかの答えになる。

原著のタイトル―All Our Relations（すべてのつながり）。核心となる問いを立て、その答えを求めてタラガは本書を書ききったように思う。まずは、彼女の民族のために。そして、本書を手にしてくれた全ての人に向けて。

終わりに、二作目の日本語出版を快諾いただいたタニヤ・タラガさんに感謝申し上げます。二〇二一年は世界的にもカナダの闇の歴史が注目されるニュースが特に多かったため、主要紙コラム、講演会、ラジオ番組での解説に加え、作家フェスティバルや映画祭での登壇、ポッドキャストのホスト役と多忙を極めていた彼女。そんな中、ハーパーコリンズ出版社とノンフィクション三部作の契約を結んだことを発表し、真実の語り部としての役割を果たし続けると宣言。第一弾はカナダだけでなく米国も含めた寄宿学校についての内容で二〇二三年に刊行予定だという。

本書の出版にあたり、表紙の作品を提供くださったアニシナベ族のヴィジュアル・アーティスト、レイ・フォックスさんに感謝申し上げます。作品名は〈垂れ下がる小さな瞳、ブラックベリー〉。マクワ（熊）はアニシナベ族にとって「メディスンを集める者」の象徴だ。フォックスさんはこの作品を、幼い頃に聞いた物語―視力を失った祖母のために孫息子が「目を治す薬を探す」旅に出る―から着想したという。グラファイト鉛筆で精緻に描き出された熊。その視線の先にある白地のブラックベリー。それは失われたもの―つながりやアイデンティティを表すと同時に、それを癒すことのできる何かを意味する。未来へのヴィジョンが失われそうになっている今こそ、それを治癒するメディスンを探し求める作業が必要で、その作業はその細部に至るまで正確さを必要とする、とフォックスさんは語る。

最後に、タラガの一作目の邦訳『命を落とした七つの羽根』に引き続き、編集を担当いただきました青土社の篠原一平さんに、改めて感謝の意を表します。

二〇二二年一月

Kawehnóhkwes tsi kawè:note（モホーク語で長い島）
オンタリオ州ウォーフアイランドと呼ばれる島にて
村上佳代

註釈

オンライン資料は、特に記載がないものは二〇二一年九月一六日にアクセスを最終確認。オリジナルのリンクが無いものはインターネット・アーカイブ（https://web.archive.org/）上のリンクを掲載している。

題字・エピグラフ

Mushkegowuk Council, The People's Inquiry into Our Suicide Pandemic, written and submitted October 27, 2014, published 2016, http://caid.ca/MusCouInq2016_Rep.pdf

Thomas King, The Truth About Stories (Toronto: House of Anansi Press, 2003), 29, 60, 89, 119, 151, 167.

1章

1. ビーコン・ホームのエスター・エイケンへのインタビュー（二〇一八年四月）。
2. Nishnawbe Aski Nation (website), "About Us," https://www.nan.ca/about/history/
3. "Update from Wapekeka First Nation" (press release), Wapekeka First Nation, January 18, 2017, https://web.archive.org/web/20190226131601/http://www.nan.on.ca/upload/documents/wapekeka-press-release-jan19-2017final.pdf
4. アナ・ベティ・アチニーピネシカムへのインタビュー（二〇一八年四月）。
5. Grand Chief Alvin Fiddler, letter to Prime Minister Justin Trudeau, January 18, 2017, https://web.archive.org/web/20170908211722/http://www.nan.on.ca/upload/documents/letter-to-prime-minister-justin-trudeau-.pdf
6. Jody Porter and John Paul Tasker, "Wapekeka First Nation Asked for Suicide-Prevention Funds Months before Deaths of 2 Girls," CBC News, January 19, 2017, https://www.cbc.ca/news/canada/thunder-bay/wapekeka-suicides-health-canada-1.3941439
7. Fiddler letter to Trudeau, January 18, 2017, and Wapekeka First Nation letter, July 18, 2016, https://web.archive.org/web/20170908211724/http://www.nan.on.ca/upload/documents/letter-and-proposal-from-wfn-july-18-201.pdf
8. Mushkegowuk Council, The People's Inquiry into Our Suicide Pandemic, written and submitted October 27, 2014, published 2016, http://caid.ca/MusCouInq2016_Rep.pdf
9. "NAN Welcomes Ontario's Commitment to Health Transformation as Inquest Highlights Issues" (press release), Nishnawbe Aski Nation, February 14, 2018, https://web.archive.org/web/20180702094448/http://www.nan.on.ca/article/february-14-2018-22548.asp
10. Gloria Galloway, "The System Failed My Son," Globe and Mail, August 19, 2015, https://www.theglobeandmail.com/news/national/first-nations-health-care-the-system-failed-myson/article26020926/
11. "Election 2015: Closing the Aboriginal Health Gap," Canadian Medical Association Journal, (press release; early draft), October 5, 2015, http://www.cmaj.ca/content/cmaj/early/

2015/10/05/cmaj.109-5155.full.pdf

12. Office of the Chief Coroner (Ontario), Verdict of Coroner's Jury: Seven First Nation Youths, June 28, 2016, https://www.mcscs.jus.gov.on.ca/english/Deathinvestigations/Inquests/Verdictsandrecommendations/OCCVerdictsSevenFirstNationsYouths.html#General

13. Susana Mas, "Trudeau Lays Out Plan for New Relationship with Indigenous People," CBC News, December 8, 2015, https://www.cbc.ca/news/politics/justin-trudeau-afn-indigenous-aboriginal-people-1.3354747

14. Fiddler letter to Trudeau, January 18, 2017.

15. Nishnawbe Aski Nation, Completed Suicides, 1986 to January 17, 2018 (table).

16. Centre for Suicide Prevention (website), "Indigenous Suicide Prevention," https://web.archive.org/web/20180217023036/https://www.suicideinfo.ca/resource/indigenous-suicide-prevention/

17. Testimony of Jack Hicks, House of Commons, Standing Committee on Indigenous and Northern Affairs, Evidence (Meeting no. 18, June 7, 2016), 42nd Parliament, 1st session, https://www.ourcommons.ca/DocumentViewer/en/42-1/INAN/meeting-18/evidence

18. "In a Land of Thundering Reindeer, Suicide Stalks the Indigenous Sami," PBS, December 11, 2016, https://www.pbs.org/newshour/world/sami-indigenous-reindeer-suicide

19. Eliza Racine, "Native Americans Facing Highest Suicide Rates" (press release), Lakota People's Law Project, May 2016, https://lakotalaw.org/news/2016-05-12/native-americans-facing-highest-suicide-rates

20. Andres J. Azuero, Dan Arreaza-Kaufman, Jeanette Coriat, Stefano Tassinari, Annette Faria, Camilo Castañeda-Cardona, and Diego Rosselli, "Suicide in the Indigenous Population of Latin America: A Systemic Review," Revista colombiana de psiquiatria 46, no. 4 (2017), https://www.redalyc.org/pdf/806/80654035008.pdf

21. Jonathan Watts, "Brazil Tribe Plagued by One of the Highest Suicide Rates in the World," Guardian, October 10, 2013, https://www.theguardian.com/world/2013/oct/10/suicide-rates-high-brazil-tribe

22. Australian Bureau of Statistics (website), "3303.0 – Causes of Death, Australia, 2016," https://www.abs.gov.au/statistics/health/causes-death/causes-death-australia/latest-release

23. Ernest Hunter and Helen Milroy, "Aboriginal and Torres Strait Islander Suicide in Context," Archives of Suicide Research 10, no. 2 (2006), 141–57.

24. UN Permanent Forum on Indigenous Issues, 14th Session. "Concept Note for Discussion," 2015.

25. World Health Organization (website), "Health Impact Assessment: The Determinants of Health," https://web.archive.org/web/20180328035033/http://www.who.int/hia/evidence/doh/en/

26. マリー・シンクレア上院議員へのインタビュー（二〇一八年九月四日）

27. Charles Mann, 1491: New Revelations of the Americas Before Columbus, 2nd ed. (New York: Vintage Books, 2003), 15.

28. Neil Kent, The Sámi Peoples of the North: A Social and Cultural History (London: C. Hurst, 2014), 14.

29. American Museum of Natural History (website), "Social Darwin-ism," https://www.amnh.org/exhibitions/darwin/evolution-today/social-darwinism

30. Thomas King, The Truth About Stories: A Native Narrative (Toronto: House of Anansi Press, 2003), 106.

31. Bruce Pascoe, Dark Emu: Aboriginal Australia and the Birth of Agriculture (Melbourne: Scribe, 2018), 178.

32. Jim Dumont, Indigenous Intelligence (Sudbury: University of Sudbury, 2006), 1.

33. Ibid.

34. Laurentian University (website), "Our Tricultural Mandate," https://laurentian.ca/faculty/arts/our-tricultural-mandate

35. Subsequent quotes and paraphrases from Dumont's lecture are from Dumont, Indigenous Intelligence, particularly 2, 4–6, 12, and 21.

36. Johan Turi, Turi's Book of Lappland (original title Muittalus Samid Birra), ed. and Danish trans. Emilie Demant Hatt; English trans. E. Gee Nash (London: Jonathan Cape, 1931), 11.

37. Kent, The Sámi Peoples of the North, 20; Noel D. Broadbent, Lapps and Labyrinths: Saami Prehistory, Colonization and Cultural Resilience (Washington, DC: Smithsonian Institution, 2010).

38. This and subsequent quotes from Turi's Book of Lappland are from 11–12, 19, 20, 24, 65, and 106–9.

39. Pascoe, Dark Emu, 104.

40. Ibid., 41.

41. Ibid., 104.

42. Ibid., 151.

43. Timothy R. Pauketat, Cahokia: Ancient America's Great City on the Mississippi (New York: Viking Penguin, 2009), 3.

44. Mann, 1491, 288–89.

45. Ibid., 13.

46. Mississaugas of the New Credit First Nation (website), "Community Profile," http://mncfn.ca/about-mncfn/community-profile/

47. Toronto's Historical Plaques (website), "The Ashbridge Estate," https://web.archive.org/web/20180117102025/http://torontoplaques.com/Pages/Ashbridge_Estate.html

48. Ojibwe (website), "Basic Ojibwe Words and Phrases," https://web.archive.org/web/20180713015042/http://www.ojibwe.org/home/pdf/Ojibwe_Beginner_Dictionary.pdf

2章

1. Tanya Talaga, "Rafting Down the Albany River to the Ring of Fire," Toronto Star, June 10, 2011, https://www.thestar.com/news/canada/2011/06/10/rafting_down_the_albany_river_to_the_ring_of_fire.html

2. Jorge Barrera, "Ottawa Initially Fought St. Anne's Residential School Electric Chair Compensation Claims," CBC News, December 2, 2017, https://www.cbc.ca/news/indigenous/st-annes-residential-school-electric-chair-compensation-fight-1.4429594

3. "Boreal Forests Called 'Northern Lungs of the World,'" CBC News, September 23, 2002, https://www.cbc.ca/news/science/

boreal-forests-called-northern-lungs-of-the-world-1.323586

4. Tanya Talaga, "Cree Community Looks on Warily as De Beers Scours North for Diamonds," Toronto Star, October 10, 2015, https://www.thestar.com/news/insight/2015/10/10/cree-community-looks-on-warily-as-de-beers-eyes-new-diamond-mine.html

5. Truth and Reconciliation Commission of Canada, What We Have Learned: Principles of Truth and Reconciliation (Winnipeg: Truth and Reconciliation Commission of Canada, 2015), 17–18, https://ehprnh2mwo3.exactdn.com/wp-content/uploads/2021/01/Principles_English_Web.pdf

6. Kathryn Beck, "For as Long as the Rivers Flow," trans. Annie Ashamock (Nishnawbe Aski Nation, 2005), 2, 7, http://community.matawa.on.ca/wp-content/uploads/2013/12/For-as-Long-as-the-River-Flows-NAN-Treaty-9.pdf

7. Gilder Lehrman Institute of American History (website), "History Now: The Doctrine of Discovery, 1493," https://www.gilderlehrman.org/history-resources/spotlight-primary-source/doctrine-discovery-1493

8. Truth and Reconciliation Commission, What We Have Learned, 18.

9. James Laxer, Tecumseh and Brock: The War of 1812 (Toronto: House of Anansi Press, 2012), 23.

10. Timothy Egan, "The Nation: Mending a Trail of Broken Treaties," New York Times, June 25, 2000, https://www.nytimes.com/2000/06/25/weekinreview/the-nation-mending-a-trail-of-broken-treaties.html

11. Laxer, Tecumseh and Brock, 23; J. Weston Phippen, "'Kill Every Buffalo You Can! Every Buffalo Dead Is an Indian Gone,'" Atlantic, May 13, 2016, https://www.theatlantic.com/national/archive/2016/05/the-buffalo-killers/482349/

12. Geni (website), "Indian Wars: Red Stick War, 1813–1814," https://www.geni.com/projects/Indian-Wars-Red-Stick-War-1813-1814/1595; David Christopher, "Muscogee Creek History in Oklahoma," Oklahoman, June 29, 2010, https://www.oklahoman.com/article/3472197/muscogee-creek-history-in-oklahoma

13. Laxer, Tecumseh and Brock, 226.

14. Michael D. Green, The Politics of Indian Removal: Creek Government and Society in Crisis (Lincoln: University of Nebraska Press, 1985), 43, cited in Laxer, Tecumseh and Brock, 226.

15. Cherokee Nation (website), "A Brief History of the Trail of Tears," https://web.archive.org/web/20170606040130/http://www.cherokee.org/About-The-Nation/History/Trail-of-Tears/A-Brief-History-of-the-Trail-of-Tears; Library of Congress (website), "Primary Documents in American History: Indian Removal Act," https://guides.loc.gov/indian-removal-act

16. Truth and Reconciliation Commission, What We Have Learned, 17.

17. Phippen, "'Kill Every Buffalo.'"

18. Evan Andrews, "9 Things You May Not Know about William Tecumseh Sherman," History Channel (website), November 14, 2014, https://www.history.com/news/9-things-you-may-not-know-about-william-tecumseh-sherman

19. Phippen, "'Kill Every Buffalo.'"

20. David M. Buerge, "Chief Seattle and Chief Joseph: From Indians to Icons," University of Washington Libraries Digital Collections, https://content.lib.washington.edu/aipnw/buerge2.html#joseph
21. Biography (website), "Chief Joseph," https://www.biography.com/political-figure/chief-joseph
22. PBS (website), "New Perspectives on the West: Chief Joseph," https://www.pbs.org/weta/thewest/people/a_c/chiefjoseph.htm
23. "Chief Joseph Dead: 'The Napoleon of Indians,' Whom Gen. Miles Finally Subdued," New York Times, September 24, 1904.
24. Howard B. Leavitt, ed., First Encounters: Native Voices on the Coming of the Europeans (Santa Barbara, CA: Greenwood, 2010), 133.
25. Ibid., 138.
26. "Chief Joseph Dead," New York Times.
27. Global Policy Forum (website), "US Territorial Acquisition," https://web.archive.org/web/20090807135040/https://www.globalpolicy.org/component/content/article/155-history/25993.html
28. Michael R. Haines and Richard H. Steckel, A Population History of North America (Cambridge: Cambridge University Press, 2000), 24.
29. Charla Bear, "American Indian Boarding Schools Haunt Many," NPR, May 12, 2008, https://www.npr.org/templates/story/story.php?storyId=16516865
30. Ibid.
31. First Nations Child and Family Caring Society of Canada, "The Legacy of Duncan Campbell Scott: More Than Just a Canadian Poet," July 2016, https://fncaringsociety.com/sites/default/files/Duncan%20Campbell%20Scott%20Information%20Sheet_FINAL.pdf
32. Indigenous and Northern Affairs Canada (website), "Treaty Texts: Treaty No. 9," https://www.rcaanc-cirnac.gc.ca/eng/1100100028863/1581293189896
33. Ibid.
34. John S. Long, Treaty No. 9: Making the Agreement to Share the Land in Far Northern Ontario in 1905 (Montreal: McGill-Queen's University Press, 2010), 19, 20, 23.
35. James Morrison, "Treaty Research Report, Treaty No. 9 (1905– 1906)," Treaties and Historical Research Centre, Indian and Northern Affairs Canada, 1986, https://www.rcaanc-cirnac.gc.ca/eng/1100100028863/1581293189896; Long, Treaty No. 9, 44.
36. Long, Treaty No. 9, 44.
37. Indigenous and Northern Affairs, "Treaty No. 9."
38. Diary of Treaty 9 Commissioner D. G. W. MacMartin, 1905, MacMartin Papers, Miscellaneous Collection, Locator 2325.9, Queen's University Archives, transcribed by Ian Martyn and Associates, 2009, 12.
39. Truth and Reconciliation Commission, What We Have Learned, 25.
40. Xavier Kataquapit, "MacMartin's Diary Sheds New Light on Treaty #9," Nation News, February 25, 2011, https://web.archive.org/web/20150928130250/http://www.nationnews.ca/macmartins-diary-sheds-new-light-on-treaty-9/

41. Lenny Carpenter, "Mushkegowuk Launches Lawsuit on Treaty Promises," Wawatay News, August 8, 2013, https://www.wawataynews.ca/home/mushkegowuk-launches-lawsuit-treaty-promises
42. Long, Treaty No. 9, 38.
43. Truth and Reconciliation Commission, What We Have Learned, 7, 15.
44. First Nations Caring Society, "Legacy of Duncan Campbell Scott."
45. Truth and Reconciliation Commission, What We Have Learned, 6.
46. Chinta Puxley, "How Many First Nations Kids Died in Residential Schools? Justice Murray Sinclair Says Canada Needs Answers," Toronto Star, May 31, 2015, https://www.thestar.com/news/canada/2015/05/31/how-many-first-nations-kids-died-in-residential-schools-justice-murray-sinclair-says-canada-needs-answers.html
47. Inuit Tapiriit Kanatami (website), "Who We Are," https://www.itk.ca/national-voice-for-communities-in-the-canadian-arctic/
48. Travel Nunavut (website), "Weather & Climate," https://travelnunavut.ca/plan-and-book/visitor-information/weather-climate/
49. Unikkaarvik Visitor Centre, Iqualuit, Nunavut.
50. Travel Nunavut, "Weather & Climate."
51. Sue Hamilton, "Defining the Inuit Dog: History," The Fan Hitch (website), https://thefanhitch.org/theISD/History.html
52. Arthur J. Ray, I Have Lived Here Since the World Began: An Illustrated History of Canada's Native People, rev. ed. (Toronto: Key Porter Books, 2005), 268–75.
53. Adam Shoalts, "Reverse Colonialism: How the Inuit Conquered the Vikings," Canadian Geographic, March 8, 2011, https://www.canadiangeographic.ca/article/reverse-colonialism-how-inuit-conquered-vikings
54. Unikkaarvik Visitor Centre.
55. Dave Dean, "The RCMP and Quebec's Provincial Police Nearly Killed Off the Inuit Sled Dog," Vice, September 25, 2013, https://www.vice.com/en/article/zn8wy8/the-rcmp-and-quebecs-provincial-police-nearly-killed-off-the-inuit-sled-dog
56. Qikiqtani Truth Commission, "Analysis of the RCMP Sled Dog Report: Thematic Reports and Special Studies, 1950–1975," (Iqaluit: Inhabit Media, 2013),10, https://www.qtcommission.ca/sites/default/files/public/thematic_reports/thematic_reports_english_rcmp_sled_dog.pdf
57. Ibid., 11–12, 15.
58. Ibid., 15, 18, 20.
59. Natan Obed, speech at Upstream conference, Ottawa, March 4, 2018.
60. Marshall C. Eakin, The History of Latin America: Collision of Cultures (New York: St. Martin's Griffin, 2007), 88.
61. Ibid.
62. Norman Lewis, "Genocide," Sunday Times Magazine, February 23, 1969, 43, http://assets.survivalinternational.org/documents/1094/genocide-norman-lewis-1969.pdf
63. Eakin, Collision of Cultures, 89.
64. Ibid.

65. Ibid., 91.
66. Lewis, "Genocide," 43.
67. Ibid., 42, 43.
68. Ibid., 42.
69. Survival International (website), "The Guarani," https://www.survivalinternational.org/tribes/guarani
70. Ibid.
71. Survival International, "Violations of the Rights of the Guarani of Mato Grosso do Sul State: A Survival International Report to the UN Committee on the Elimination of Racial Discrimination," March 2010, 6, http://assets.survivalinternational.org/documents/207/Guarani_report_English_MARCH.pdf
72. Chris Lang, "Open Letter from Amnesty International to Brazil's President about Violations of the Rights of the Guarani-Kaiowá Indigenous People," REDD-Monitor, November 6, 2015, https://redd-monitor.org/2015/11/06/open-letter-from-amnesty-international-to-brazils-president-about-violations-of-the-rights-of-the-guarani-kaiowa-indigenous-people/
73. Survival International, "Violations of the Rights of the Guarani," 5.
74. Ibid., 4.
75. International Federation for Human Rights (FIDH), "Brazil: Killing of Mr. Semião Fernandes Vilhalva, One of the Leaders of the Guarani-Kaiowá Indigenous People in Brazil," September 10, 2015, https://www.fidh.org/en/region/americas/brazil/brazil-killing-of-mr-semiao-fernandes-vilhalva-one-of-the-leaders-of#
76. Survival International, "Brazil: Guarani Man Assassinated by Gunmen as Tensions Rise," September 2, 2015, https://www.survivalinternational.org/news/10891
77. Lang, "Open Letter."
78. Wyre Davies, "Brazil's Guarani-Kaiowa Tribe Allege Genocide over Land Disputes," BBC News, September 8, 2015, https://www.bbc.com/news/world-latin-america-34183280
79. Survival International, "Violations of the Rights of the Guarani," 7.
80. Ibid., 4.
81. Ibid., 7.
82. Indigenous Peoples Atlas of Canada (website), "Métis: Communities," https://indigenouspeoplesatlasofcanada.ca/article/communities/; Chelsea Vowel, Indigenous Writes: A Guide to First Nations, Métis & Inuit Issues in Canada (Winnipeg: HighWater Press / Portage & Main Press, 2016), 39.
83. Survival International, "Violations of the Rights of the Guarani," 1–2.
84. Lang, "Open Letter."
85. Vanessa Barbara, "The Genocide of Brazil's Indians," New York Times, May 29, 2017, https://www.nytimes.com/2017/05/29/opinion/the-genocide-of-brazils-indians.html
86. Andreia Verdélio, "Some 11 Thousand Brazilians Commit Suicide Every Year," Agência Brasil, September 23, 2017, https://agenciabrasil.ebc.com.br/en/geral/noticia/2017-09/some-11-thousand-brazilians-commit-suicide-every-year
87. Christina Lamb, "Rising Suicides Cut a Swath Through

Amazon's Children," Telegraph, November 19, 2000, https://www.telegraph.co.uk/news/worldnews/asia/1374881/Rising-suicides-cut-a-swath-through-Amazons-children.html

88. Larry Rohter, "Diamonds' Glitter Fades for a Brazilian Tribe," New York Times, December 29, 2006.

89. Five Books (website), "The Best Books on Brazil: Recommended by Larry Rohter," https://fivebooks.com/best-books/brazil-larry-rohter/

90. Shasta Darlington, "'Uncontacted' Amazon Tribe Members Reported Killed in Brazil," New York Times, September 10, 2017, https://www.nytimes.com/2017/09/10/world/americas/brazil-amazon-tribe-killings.html

91. Dom Phillips, "Footage of Sole Survivor of Amazon Tribe Emerges," Guardian, July 19, 2018, https://www.theguardian.com/world/2018/jul/19/footage-sole-survivor-amazon-tribe-emerges-brazil

3章

1. Seven Generations Education Institute (website), "Mino Bimaadizwin: Principles for Anishinaabe Education," http://www.7generations.org/wp-content/uploads/2015/03/AMB-Booklet-3.pdf (not available)

2. Royal Commission into Institutional Responses to Child Sexual Abuse, "A Brief Guide to the Final Report: Aboriginal and Torres Strait Islander Communities," 2017, 2, https://www.childabuseroyalcommission.gov.au/sites/default/files/a_brief_guide_to_the_final_report.pdf

3. "Australia Child Abuse Inquiry Finds 'Serious Failings,'" BBC News, December 15, 2017, https://www.bbc.com/news/world-australia-42361874

4. Nick McKenzie, Richard Baker, and Jane Lee, "Church's Suicide Victims," Age, April 13, 2012, https://www.theage.com.au/national/victoria/churchs-suicide-victims-20120412-1wwox.html

5. "Australia Child Abuse Inquiry," BBC News.

6. Royal Commission into Institutional Responses to Child Sexual Abuse, Final Report: Recommendations (Barton, ACT: Commonwealth of Australia, 2017), https://www.childabuseroyalcommission.gov.au/sites/default/files/final_report_-_recommendations.pdf; "Child Sexual Abuse Royal Commission: Recommendations and Statistics at a Glance," Guardian, December 15, 2017, https://www.theguardian.com/australia-news/2017/dec/15/child-sexual-abuse-royal-commission-recommendations-and-statistics-at-a-glance

7. Royal Commission into Institutional Responses, "Brief Guide," 2, 4.

8. Ian Lloyd Neubauer, "Australian Child Protection Accused of Repeating Sins of 'Stolen Generations,'" Time, March 11, 2014, https://time.com/19431/australian-child-protection-accused-of-repeating-sins-of-stolen-generations/

9. Karina Marlow, "Explainer: The Stolen Generations," National Indigenous Television, December 1, 2016, https://www.sbs.com.au/nitv/explainer/explainer-stolen-generations; Human Rights and Equal Opportunity Commission (Australia), Bringing Them Home: Report of the National Inquiry into the Separation of Aboriginal and Torres Strait Islander Children

from Their Families (Sydney: Commonwealth of Australia, 1997), https://humanrights.gov.au/sites/default/files/content/pdf/social_justice/bringing_them_home_report.pdf; Australian Institute of Aboriginal and Torres Strait Islander Studies (website), "Remembering the Mission Days: Stories from the Aborigines' Inland Missions," https://aiatsis.gov.au/collection/featured-collections/aborigines-inland-mission

10. Human Rights and Equal Opportunity Commission, Bringing Them Home, 4.

11. Marlow, "Explainer."

12. Calla Wahlquist, "Australia's Stolen Generations: A Legacy of Intergenerational Pain and Broken Bonds," Guardian, May 24, 2017, https://www.theguardian.com/australia-news/2017/may/25/australias-stolen-generations-a-legacy-of-intergenerational-pain-and-broken-bonds

13. "Australia Is Failing to Improve Indigenous Lives, Report Shows," BBC News, February 14, 2017, https://www.bbc.com/news/world-australia-38965545

14. "Australia Accused of 'Effectively Abandoning' Indigenous Goals," BBC News, February 8, 2018, https://www.bbc.com/news/world-australia-42983877

15. Mushkegowuk Council, The People's Inquiry into Our Suicide Pandemic, written and submitted October 27, 2014, published 2016, http://caid.ca/MusCouInq2016_Rep.pdf

16. Wapekeka First Nation (website), http://www.wapekeka.ca/

17. "Fire Destroys the Reverend Eleazer Memorial School in Wapekeka FN," Net News Ledger, May 14, 2015, http://www.netnewsledger.com/2015/05/14/fire-destroys-the-reverend-eleazar-winter-memorial-school-in-wapekeka-fn/; Nishnawbe Aski Nation (website), "2016 Photo Gallery: 2016 Wapekeka School," February 3, 2016, https://web.archive.org/web/20160307225645/http://www.nan.on.ca/article/2016-wapekeka-school-grand-opening-2214.asp

18. R v Ralph Rowe, 2012, ONCJ, Proceedings before the Honourable Justice D. Fraser, August 9, 2012, Kenora, Ontario.

19. Jody Porter, "Class Action Suit Launched Against Pedophile Ex-priest Ralph Rowe," CBC News, May 11, 2017, https://www.cbc.ca/news/canada/thunder-bay/ralph-rowe-lawsuit-1.4111104

20. ステファニー・ハリントンへのインタビュー（二〇一八年六月三日）。

21. "Ralph Rowe on Trial on New Charges" (press release), Nishnawbe Aski Nation, April 15, 2009, https://web.archive.org/web/20170908203218/http://www.nan.on.ca/upload/documents/com-2009-04-15-ralph-rowe-trial.pdf

22. R v Ralph Rowe.

23. アナ・ベティ・アチニーピネシカムへのインタビュー（二〇一八年四月十六日）。

24. Kristy Kirkup, Canadian Press, "Confront Scourge of Sexual Abuse, Stand Up for Children, Inuit Leaders Demand," CBC News, November 9, 2016, https://www.cbc.ca/news/canada/north/inuit-leaders-child-sexual-abuse-1.3843250

25. Federation of Sovereign Indigenous Nations, Saskatchewan First Nations Suicide Prevention Strategy (Saskatoon, SK: FSIN, 2018), 8–9, https://www.suicideinfo.ca/wp-content/

uploads/gravity_forms/6-191a85f36ce9e20de2e2fa3869197735/2018/07/Saskatchewan-First-Nations-Suicide-Prevention-Strategy_oa.pdf

26. Ibid., 12.
27. Interview with Maggie Pettis, May 1, 2018.
28. Gerry Georgatos, "77 Aboriginal Suicides in South Australia Alone," Stringer, October 4, 2013, https://thestringer.com.au/77-aboriginal-suicides-in-south-australia-alone-4994#.W3GueZNKjMU
29. Inuit Tapiriit Kanatami, National Inuit Suicide Prevention Strategy (Ottawa: ITK, 2016), 4, https://www.itk.ca/wp-content/uploads/2016/07/ITK-National-Inuit-Suicide-Prevention-Strategy-2016.pdf
30. Inuit Tapiriit Kanatami, "Protective Factors," https://www.itk.ca/preventing-suicide-among-inuit/protective-factors/
31. Inuit Tapiriit Kanatami, Prevention Strategy, 6.
32. Eliza Racine, "Native Americans Facing Highest Suicide Rates" (press release), Lakota People's Law Project, May 2016, https://lakotalaw.org/news/2016-05-12/native-americans-facing-highest-suicide-rates
33. UNICEF, Report on the Situation of Children and Adolescents in Brazil (Brasilia: unicef Brazil, 2003), 23, https://web.archive.org/web/20080114050009/https://www.unicef.org/brazil/english/siab_english.pdf
34. Vanessa Barbara, "The Genocide of Brazil's Indians," New York Times, May 29, 2017, https://www.nytimes.com/2017/05/29/opinion/the-genocide-of-brazils-indians.html
35. シャネット・モレイスへのインタビュー（二〇一八年八月三日）
36. June C. Strickland, "Suicide among American Indian, Alaskan Native, and Canadian Aboriginal Youth: Advancing the Research Agenda," International Journal of Mental Health 25, no. 4 (1996–97): 13.
37. Ibid.
38. Ben Spurr, "How the Attawapiskat Suicide Unfolded," Toronto Star, April 18, 2016, https://www.thestar.com/news/canada/2016/04/18/how-the-attawapiskat-suicide-crisis-unfolded.html
39. A. Silviken, T. Haldorsen, and S. Kvernmo, "Suicide among Indigenous Sami in Arctic Norway, 1970–1998," European Journal of Epidemiology 21, no. 9 (2006): 708; Strickland, "Suicide," 13; C. McHugh, A. Campbell, M. Chapman, and S. Balaratnasingam, "Increasing Indigenous Self-Harm and Suicide in the Kimberley: An Audit of the 2005–2014 Data," Medical Journal of Australia 205, no. 1 (July 2016): 33, https://www.mja.com.au/system/files/issues/205_01/10.5694mja15.01368.pdf
40. R. J. McQuaid, A. Bombay, O. A. McInnis, C. Humeny, K. Matheson, and H. Anisman, "Suicide Ideation and Attempts among First Nations Peoples Living On-Reserve in Canada: The Intergenerational and Cumulative Effects of Indian Residential Schools," Canadian Journal of Psychiatry 62, no. 6 (2017): 422–30.
41. Michael J. Chandler and Christopher E. Lalonde, "Cultural Continuity as a Protective Factor against Suicide in First Nations Youth," Horizons 10, no. 1 (2008): 68–72, https://

www.researchgate.net/publication/239921354_Cultural_Continuity_as_a_Protective_Factor_Against_Suicide_in_First_Nations_Youth

42. Michael J. Chandler and Christopher E. Lalonde, "Cultural Continuity as a Hedge against Suicide in Canada's First Nations," Transcultural Psychiatry 35, no. 2 (June 1998): 191, quoted in Jack Hicks, "A Critical Analysis of Myth-Perpetuating Research on Suicide Prevention," Northern Public Affairs 5, no. 3 (April 2018): 44.

43. Hicks, "Critical Analysis," 44.

44. Chandler and Lalonde, "Cultural Continuity as a Protective Factor."

45. Ibid.

46. Anne Russell, "Back to the Land: Building Resiliency by Connecting Aboriginal Youth to Place," UFV Today (website), July 11, 2016, https://blogs.ufv.ca/blog/2016/07/back-to-the-land-building-resiliency-by-connecting-aboriginal-youth-to-place/

47. "Youth Suicide Pact Triggers Call for Action in Vancouver," CBC News, November 23, 2012, https://www.cbc.ca/news/canada/british-columbia/youth-suicide-pact-triggers-call-for-action-in-vancouver-1.1165251

48. Patrick Johnston, "Revisiting the 'Sixties Scoop' of Indigenous Children," Policy Options, July 26, 2016, https://policyoptions.irpp.org/magazines/july-2016/revisiting-the-sixties-scoop-of-indigenous-children/

49. Indigenous Foundations, University of British Columbia (website), "Sixties Scoop," https://indigenousfoundations.arts.ubc.ca/sixties_scoop/

50. Ibid.

51. Johnston, "Revisiting the 'Sixties Scoop.'"

52. John Paul Tasker, "Jane Philpott Unveils 6-Point Plan to Improve 'Perverse' First Nations Child Welfare System," CBC News, January 25, 2018, https://www.cbc.ca/news/politics/jane-philpott-six-point-plan-first-nations-child-welfare-1.4503264

53. スペンシー・ピメンテルへのインタビュー（二〇一八年八月七日）

54. Henry Minde, "Assimilation of the Sami: Implementation and Consequences," paper 196, Aboriginal Policy Research Consortium International (APRCi), 2005, 7–9, https://ir.lib.uwo.ca/cgi/viewcontent.cgi?referer=https://www.google.com/&httpsredir=1&article=1248&context=aprci

55. Ibid., 8–10.

56. Arctic Centre, University of Lapland, "Stereotypes Die Hard!," September 22, 2015, https://arcticanthropology.org/2015/09/22/stereotypes-die-hard/

57. Minde, "Assimilation of the Sami," 21.

58. Robert Paine, Herds of the Tundra: A Portrait of Reindeer Pastoralism (Washington, DC: Smithsonian Institution Press, 1994), 11, cited in Scott Forrest, "Territoriality in State–Sámi Relations," 1996, https://web.archive.org/web/20020202105915/http://arcticcircle.uconn.edu/HistoryCulture/Sami/samisf.html; Joan Sullivan, "Anthropologist's Research Ranged from Newfoundland Speech to West Bank Jews," Globe and Mail, July 17, 2010, https://

web.archive.org/web/20170421021118/http://v1.theglobeandmail.com/servlet/story/LAC.20100717.OBPAINEATL/BDAStory/BDA/deaths

59. The account that follows, including direct quotes, is from an interview with Simon Issát Marainen, May 31, 2018.

4章

1. Scott-McKay-Bain Health Panel, From Here to There: Steps along the Way (Sioux Lookout, ON, 1989), 10, http://www.slmhc.on.ca/assets/files/From_Here_to_There_-_Steps_Along_the_Way.pdf

2. Noni E. MacDonald, Richard Stanwick, and Andrew Lynk, "Canada's Shameful History of Nutrition Research on Residential School Children: The Need for Strong Medical Ethics in Aboriginal Health Research," Paediatrics & Child Health 19, no. 2 (2014): 64, https://www.ncbi.nlm.nih.gov/pmc/articles/PMC3941673/

3. ＣＢＣラジオ番組「As It Happens」でのイアン・モスビーのコメント（二〇一三年七月一六日）。https://www.cbc.ca/radio/asithappens/wednesday-aboriginal-experiments-zetas-cartel-leader-obit-don-smith-1.2941800/food-historian-discovers-federal-government-experimented-on-aboriginal-children-during-and-after-wwii-1.2941801

4. Richard Chenhall and Kate Senior, "Those Young People All Crankybella: Indigenous Youth Mental Health and Globalization," International Journal of Mental Health 38, no. 3 (2009): 28–43.

5. Royal Commission into Institutional Responses to Child Sexual Abuse, Final Report: Preface and Executive Summary (Barton, ACT: Commonwealth of Australia, 2017), 13, https://www.childabuseroyalcommission.gov.au/sites/default/files/final_report_-_preface_and_executive_summary.pdf

6. Melissa Sweet, Kerry McCallum, Lynore Geia, and Kathleen Musulin, "Acknowledge the Brutal History of Indigenous Health Care — for Healing," Conversation, September 21, 2016, https://theconversation.com/acknowledge-the-brutal-history-of-indigenous-health-care-for-healing-64295

7. Social Health Reference Group for National Aboriginal and Torres Strait Islander Health Council and National Mental Health Working Group, Social and Emotional Well Being Framework: A National Strategic Framework for Aboriginal and Torres Strait Islander Peoples' Mental Health and Social and Emotional Well Being, 2004–2009 (Surry Hills, NSW: Aboriginal Health and Medical Research Council of New South Wales, 2004), https://web.archive.org/web/20180209164704/https://www.ahmrc.org.au/media/resources/social-emotional-wellbeing/mental-health/328-national-strategic-framework-for-aboriginal-and-torres-strait-islander-peoples-mental-health-and-social-and-emotional-well-being-2004-2009/file.html

8. Australia, "Aboriginal Peoples and Torres Strait Islanders," in Pathways of Recovery: Preventing Further Episodes of Mental Illness (Department of Health, Commonwealth of Australia, 2006), https://www1.health.gov.au/internet/publications/publishing.nsf/Content/mental-pubs-p-mono-toc~mental-pubs-p-mono-pop~mental-pubs-p-mono-pop-atsi

9. Office of the Surgeon General, Center for Mental Health

Services, and National Institute of Mental Health, Mental Health: Culture, Race, and Ethnicity; A Supplement to Mental Health: A Report of the Surgeon General (Rockville, MD: Substance Abuse and Mental Health Services Administration, 2001), https://www.ncbi.nlm.nih.gov/books/NBK44243/; American Psychiatric Association, "Mental Health Disparities: American Indians and Alaska Natives" (fact sheet), 2017, https://www.psychiatry.org/File%20Library/Psychiatrists/Cultural-Competency/Mental-Health-Disparities/Mental-Health-Facts-for-American-Indian-Alaska-Natives.pdf

10. Indian Health Service, "Fact Sheet: Disparities," April 2017, https://www.ihs.gov/newsroom/factsheets/disparities/

11. Margo Lianne Greenwood and Sarah Naomi de Leeuw, "Social Determinants of Health and the Future Well-Being of Aboriginal Children in Canada," Paediatrics & Child Health 17, no. 7 (2012): 381–84, https://www.ncbi.nlm.nih.gov/pmc/articles/PMC3448539/

12. Travis Heath, "7 Interesting Facts about Sioux Lookout," Northern Ontario Travel, August 22, 2015, https://www.northernontario.travel/sunset-country/7-interesting-facts-about-sioux-lookout

13. Municipality of Sioux Lookout (website), "Legend of Sioux Lookout," https://www.siouxlookout.ca/en/discover-the-hub/legend-of-sioux-lookout.asp; Sioux Lookout Chamber of Commerce (website), "The Legend of Sioux Lookout," adapted from an article by Nan Shipley, https://siouxlookout.com/about-sioux-lookout/

14. Maureen K. Lux, Separate Beds: A History of Indian Hospitals in Canada, 1920s–1980s (Toronto: University of Toronto Press, 2016), 31–32.

15. Maureen K. Lux, "Indian Hospitals in Canada," in The Canadian Encylopedia Online, July 17, 2017, https://www.thecanadianencyclopedia.ca/en/article/indian-hospitals-in-canada.

16. Canadian Public Health Association (website), "TB and Aboriginal People," https://www.cpha.ca/tb-and-aboriginal-people.

17. First Nations Child and Family Caring Society of Canada, "Dr. Peter Henderson Bryce: A Story of Courage," July 2016, https://fncaringsociety.com/sites/default/files/Dr.%20Peter%20Henderson%20Bryce%20Information%20Sheet.pdf

18. Ibid.

19. South African History Online (website), "A History of Apartheid in South Africa," https://www.sahistory.org.za/article/history-apartheid-south-africa

20. History Channel (website), "Apartheid," October 7, 2010, https://www.history.com/topics/africa/apartheid

21. Encyclopaedia Britannica Online, s.v. "Apartheid," https://www.britannica.com/topic/apartheid

22. Gloria Galloway, "Chiefs Reflect on Apartheid and First Nations as Atleo Visits Mandela Memorial," Globe and Mail, December 11, 2013, https://www.theglobeandmail.com/news/politics/chiefs-reflect-on-apartheid-and-first-nations-as-atleo-visits-mandela-memorial/article15902124/

23. Lux, "Indian Hospitals."

24. Lux, Separate Beds, 31–32.

25. Indigenous Corporate Training (website), "A Brief Look at Indian Hospitals in Canada," June 3, 2017, https://www.ictinc.ca/blog/a-brief-look-at-indian-hospitals-in-canada-0
26. Lux, "Indian Hospitals."
27. Lux, Separate Beds, 75.
28. Ibid., 96.
29. Ibid., 80–81.
30. Ibid.
31. Ibid., 99–101.
32. Lux, "Indian Hospitals."
33. Ibid.
34. Indigenous Corporate Training, "Brief Look at Indian Hospitals."
35. Canadian Public Health Association, "TB and Aboriginal People."
36. Scott-McKay-Bain Health Panel, From Here to There, 9.
37. "Hospital offers holistic healing," Wawatay News, October 28, 2010.
38. Scott-McKay-Bain Health Panel, From Here to There, 9.
39. Ibid., 14.
40. Meno Ya Win Health Centre (website), "Sioux Lookout Four Party Hospital Services Agreement," https://web.archive.org/web/20130218033414/http://www.slmhc.on.ca/hospital-services-agreement
41. Nishnawbe Aski Nation (website), "Backgrounder: Health and Public Health Emergency," https://web.archive.org/web/20170823110237/http://www.nan.on.ca/upload/documents/comms-2016-02-24-backgrounder-health-eme.pdf
42. これ以降の引用は、それぞれ二〇一八年四月八日と九月八日に行われたアレキサンダー・カウデレラ医師へのインタビュー及び電子メールのやり取りから。
43. United Nations General Assembly, "Declaration on the Rights of Indigenous Peoples" (Geneva: United Nations, March 2008), 9, https://www.un.org/esa/socdev/unpfii/documents/DRIPS_en.pdf
44. "Underlying Issues," chapter 5 in Bringing Them Home: Report of the National Inquiry into the Separation of Aboriginal and Torres Strait Islander Children from Their Families (Sydney: Human Rights and Equal Opportunity Commission, 1997), https://humanrights.gov.au/our-work/bringing-them-home-chapter-25
45. "Brazil: Homicides of Children and Teenagers Double in 20 Years: unicef Report," (press release), unicef, July 16, 2015, https://web.archive.org/web/20150717042502/https://www.unicef.org/media/media_82554.html
46. Sabine Dolan, "Reaching Out to Brazil's Most Disadvantaged: The Plight of Indigenous Children," (press release), unicef, April 8, 2005, https://www.unicef.org/infobycountry/brazil_25958.html
47. Assembly of First Nations, "Closing the Gap: 2015 Federal Election Priorities for First Nations and Canada" (Ottawa: AFM, September 2, 2015), 8, http://www.afn.ca/uploads/files/closing-the-gap.pdf
48. Ibid.
49. Isabella Kwai and Tacey Rychter, "'I Can't Breathe': Video of Indigenous Australian's Prison Death Stirs Outrage," New York

Times, July 16, 2018, https://www.nytimes.com/2018/07/16/world/australia/i-cant-breathe-indigenous-australian-prison-death.html

50. Ibid.

51. Jim Rankin, "Inmate in Solitary for Four Years Alarms Rights Commission," Toronto Star, October 19, 2016, https://www.thestar.com/news/canada/2016/10/19/inmate-in-solitary-for-four-years-alarms-rights-commission.html; Adrian Morrow and Patrick White, "Ontario Minister Refuses to Release Man from Solitary Who's Spent Four Years in Isolation," Globe and Mail, October 25, 2016, https://www.theglobeandmail.com/news/national/solitary-confinement-ontario-prisons-adam-capay/article32527317/

52. Jody Porter, "No Mental Health Support Available for First Nations Artist Who Died in Jail, Chief Says," CBC News, February 15, 2017, https://www.cbc.ca/news/canada/thunder-bay/moses-beaver-dies-1.3983986

53. Assembly of First Nations, "Closing the Gap," 8.

54. Josée Lavoie, "Policy Silences: Why Canada Needs a National First Nations, Inuit and Métis Health Policy," International Journal of Circumpolar Health 72, no. 10 (2013): https://www.ncbi.nlm.nih.gov/pmc/articles/PMC3875351/

55. Government of Canada (website), "Canada Health Act," https://www.canada.ca/en/health-canada/services/health-care-system/canada-health-care-system-medicare/canada-health-act.html

56. Canadian Press, "Ottawa to Pay for Travel Companion for Indigenous Women Giving Birth Away from Reserve," CBC News, April 9, 2017, https://www.cbc.ca/news/politics/indigenous-women-pregnancy-reserve-escort-policy-change-1.4063082

57. "Brian Sinclair's Death 'Preventable' but Not Homicide, Says Inquest Report," CBC News, December 12, 2014, https://www.cbc.ca/news/canada/manitoba/brian-sinclair-s-death-preventable-but-not-homicide-says-inquest-report-1.2871025

58. "Complete List: 63 Recommendations in the Brian Sinclair Inquest Report," Winnipeg Free Press, December 12, 2014, https://www.winnipegfreepress.com/local/Complete-list-63--285628851.html

59. Office of the Auditor General of Canada, Report 4: Access to Health Services for Remote First Nations Communities (Ottawa: 2015 Spring Reports of the Auditor General of Canada), 4.9, https://www.oag-bvg.gc.ca/internet/English/parl_oag_201504_04_e_40350.html#hd3c

60. Ibid., 4.66.

61. Ibid.

62. Michael Ferguson, "Opening Statement to the Standing Committee on Public Accounts," (Ottawa: 2015 Spring Reports of the Auditor General of Canada), https://www.oag-bvg.gc.ca/internet/English/osh_20150429_e_40484.html

63. Auditor General, Access to Health Services, 4.90.

64. Janet Gordon, Mike Kirlew, Yoko Schreiber, Raphael Saginur, Natalie Bocking, Brittany Blakelock, Michelle Haavaldsrud, Christine Kennedy, Terri Farrell, Lloyd Douglas, and Len Kelly, "Acute Rheumatic Fever in First Nations Communities in Northwestern Ontario," Canadian Family

Physician 61, no. 10 (2015): 881–86, https://www.cfp.ca/content/61/10/881

65. Ontario Public Health Convention, 2019 program, "Session 44: Epidemic of Opioid Abuse in Remote First Nations in Northwest Ontario," https://www.tophc.ca/session-44-epidemic-of-opioid-abuse-in-remote-first-nations-in-northwestern-ontario/

66. マイク・カールー医師へのインタビュー（二〇一八年一月三日）。

67. これ以降の引用は、それぞれ二〇一八年四月と二〇一八年九月五日に行われたピーター・ボロス博士へのインタビュー及び電子メールのやり取りからのもの。

68. Federation of Sovereign Indigenous Nations, Saskatchewan First Nations Suicide Prevention Strategy (Saskatoon, SK: FSIN, 2018), 14, https://www.suicideinfo.ca/wp-content/uploads/gravity_forms/6-191a85f36ce9e20de2e2fa3869197735/2018/07/Saskatchewan-First-Nations-Suicide-Prevention-Strategy_oa.pdf

69. Ibid.

70. Ibid., 15.

71. Ibid., 17.

72. Allison Crawford and Jack Hicks, "Early Childhood Adversity as a Key Mechanism by Which Colonialism Is Mediated into Suicidal Behaviour," Journal of Northern Public Affairs 65, no. 3 (April 2018): 18–22.

73. Ibid.

74. Ibid.

75. Ibid.

76. Ibid., 20.

77. Sámi Norwegian National Advisory Unit on Mental Health and Substance Abuse and Saami Council, Plan for Suicide Prevention among the Sámi People in Norway, Sweden and Finland (Karasjok: SANKS, 2017), https://finnmarkssykehuset.no/documents/sanks/plan%20for%20suicide%20prevention%20among%20the%20s%C3%A1mi%20people%20in%20norway.pdf

78. Anthony Ham and Oliver Berry, Lonely Planet Norway, 7th ed. (Footscray, VIC: Lonely Planet, 2018), 313.

79. Heather Carrie, Tim K. Mackey, and Sloane N. Laird, "Integrating Traditional Indigenous Medicine and Western Biomedicine into Health systems: A Review of Nicaraguan Health Policies and Miskitu Health Services," International Journal of Equity Health 14, no. 129 (2015), https://www.ncbi.nlm.nih.gov/pmc/articles/PMC4663733/

80. "President Obama Announces U.S. Support for United Nations Declaration on the Rights of Indigenous Peoples," (press release), National Congress of American Indians, December 16, 2010, https://www.ncai.org/news/articles/2010/12/16/president-obama-announces-u-s-support-for-united-nations-declaration-on-the-rights-of-indigenous-peoples

81. Gloria Galloway, "Canada Drops Opposition to UN Indigenous Rights Declaration," Globe and Mail, May 9, 2016, https://www.theglobeandmail.com/news/politics/canada-drops-objector-status-on-un-indigenous-rights-declaration/article29946223/

82. Nahka Bertrand, "Romeo Saganash Speaks about undrip's

Human Rights Application in Canadian Law," Nation, March 31, 2018, http://formersite.nationnewsarchives.ca/romeo-saganash-speaks-undrips-human-rights-application-canadian-law/

5章

1. Steve Heinrichs, The Truth and Reconciliation Commission and Mennonite Church Canada (Winnipeg: Mennonite Church Canada, 2012), 6, https://www.commonword.ca/FileDownload/19042/2012_MCCan_TRC_handout.pdf?t=1
2. Donald J. Auger, Indian Residential Schools in Ontario (Nishnawbe Aski Nation, 2005), 193.
3. これ以降の引用は、二〇一八年九月七日に行われたランス・クリスチャンソンへのインタビューから。
4. Julian N. Falconer, Molly Churchill, and Amanda Byrd, "Bureaucratic Immunity as a Barrier to Change: Dismantling the Structures at the Heart of the Indian Act." Paper presented at the determiNATION Summit, Ottawa, May 23, 2018, https://www.falconers.ca/wp-content/uploads/2018/05/determiNATION.Paper_.BureaucraticImmunity.Final_.22May2018.pdf
5. Indigenous Foundations, University of British Columbia (website), "Constitution Act, 1982 Section 5," https://indigenousfoundations.arts.ubc.ca/constitution_act_1982_section_35/
6. CBCラジオ番組「The House」でのジョディ・ウィルソン＝レイボールド大臣のコメント（二〇一八年一一月一七日）。https://www.cbc.ca/listen/shows/the-house/episode/15521280. (not available)
7. Minister Carolyn Bennett, speech during the Assembly of First Nations Special Chiefs, December 6, 2017, https://www.canada.ca/en/indigenous-northern-affairs/news/2017/12/speech_of_ministercarolynbennettduringtheassemblyoffirstnations.html
8. Mushkegowuk Council, The People's Inquiry into Our Suicide Pandemic, written and submitted October 27, 2014, published 2016, http://caid.ca/MusCouInq2016_Rep.pdf
9. Christopher Curtis, "Chief Inspires Support," Ottawa Citizen, December 21, 2012, https://www.pressreader.com/canada/ottawa-citizen/20121221/283218735496368; "Chief Spence Out of Hospital after Ending 6-Week Hunger Strike," CTV News, January 24, 2013, https://www.ctvnews.ca/canada/chief-spence-out-of-hospital-after-ending-6-week-hunger-strike-1.1127449
10. Tanya Talaga, "Wapekeka First Nation Feared Suicide Pact, Says They Were Denied Help," Toronto Star, January 19, 2017, https://www.thestar.com/news/canada/2017/01/19/wapekeka-first-nation-feared-suicide-pact-says-they-were-denied-help.html
11. "Indigenous Leader Says He's Waiting for a National Strategy around Issue of Suicides," Global News, May 22, 2018, https://globalnews.ca/video/4223674/indigenous-leader-says-hes-waiting-for-a-national-strategy-around-issue-of-suicides
12. Ibid.
13. Government of Canada (website), "Suicide Prevention," https://www.sac-isc.gc.ca/eng/1576089685593/1576089741803

14. "Federal, Provincial and First Nations Leaders Taking Action on Health Transformation for First Nations in Nan Territory" (press release), Nishnawbe Aski Nation, November 27, 2017, https://web.archive.org/web/20200210035144/http://www.nan.on.ca/article/november-17-2017-22522.asp

15. Martin Luther King Jr., Why We Can't Wait (New York: Harper & Row, 1964), 119–20. マーチン・ルーサー・キング、中島和子・古川博巳訳『黒人はなぜ待てないか』(2000) みすず書房．

16. Dean J. Kotlowski, "Alcatraz, Wounded Knee, and Beyond: The Nixon and Ford Administrations Respond to Native American Protest," Pacific Historical Review 72, no. 2 (2003): 201–27, https://www.jstor.org/stable/10.1525/phr.2003.72.2.201

17. Troy R. Johnson, Red Power: The Native Rights Movement (New York: Infobase Publishing, 2009).

18. Troy R. Johnson, Duane Champagne, and Joane Nagel, "American Indian Activism and Transformation: Lessons from Alcatraz," in American Indian Activism: Alcatraz to the Longest Walk, ed. Troy Johnson, Joane Nagel, and Duane Champagne (Urbana: University of Illinois Press, 1997).

19. Troy R. Johnson and Joane Nagel, introduction to ibid., 1.

20. AKA Gallery (website), "Occupy Anishinabe Park 1974," https://web.archive.org/web/20180819064529/http://akaartistrun.com/portfolio-item/occupy-anishinabe-park-1974/

21. リチャード・グリーンへのインタビュー（二〇一八年九月七日）。

22. Roy Cook, "'I Have a Dream for All God's Children': Martin Luther King Jr. Day," American Indian Source (website), http://americanindiansource.com/mlkechohawk.html; Matthew L. M. Fletcher, "A Short History of Indian Law in the Supreme Court," Human Rights Magazine 40, no. 4 (2014), https://www.americanbar.org/groups/crsj/publications/human_rights_magazine_home/2014_vol_40/vol--40--no--1--tribal-sovereignty/short_history_of_indian_law/

23. Native American Rights Fund (website), "About Us," https://www.narf.org/about-us/

24. Native American Rights Fund (website), "NARF Stands with Standing Rock," March 15, 2017, https://www.narf.org/narf-stands-standing-rock/

25. Gregor Aisch and K. K. Rebecca Lai, "The Conflicts along 1,172 Miles of the Dakota Access Pipeline," New York Times (website), updated March 20, 2017, https://www.nytimes.com/interactive/2016/11/23/us/dakota-access-pipeline-protest-map.html

26. Stand with Standing Rock (website), "Camp Information: Oceti Sakowin," https://standwithstandingrock.net/oceti-sakowin/

27. Chief Arvol Looking Horse, "Standing Rock Is Everywhere: One Year Later," Guardian, February 22, 2018, https://www.theguardian.com/environment/climate-consensus-97-per-cent/2018/feb/22/standing-rock-is-everywhere-one-year-later

28. Tabitha Marshall, "Idle No More," in The Canadian Encyclopedia Online, April 12, 2013, https://www.thecanadianencyclopedia.ca/en/article/idle-no-more

29. Idle No More (website), "Idle No More Stands in Solidarity

with Justice for Our Stolen Children Organizers," July 14, 2018, https://idlenomore.ca/justice-for-our-stolen-children/

30. Svein S. Andersen and Atle Midttun, "Conflict and Local Mobilization: The Alta Hydropower Project," Acta Sociologica 28, no. 4 (1985): 317–35, https://www.jstor.org/stable/4194584

31. "5 Social Movements Resisting Regression in Latin America," Telesur, February 20, 2017, https://www.telesurenglish.net/news/5-Social-Movements-Resisting-Repression-in-Latin-America-20170215-0042.html

32. Angela Davis, Freedom Is a Constant Struggle, (Chicago: Haymarket Books, 2016), 121. アンジェラ・デイヴィス、浅沼優子訳『アンジェラ・デイヴィスの教え：自由とはたゆみなき闘い』(2021) 河出書房新社。

33. ヘレン・ミルロイ医師へのインタビュー。

34. Cindy Blackstock, "Jordan's Principle: Editorial update," Paediatrics & Child Health, 13, no. 7 (2008): 589–90.

35. Alex Soloducha, "Indigenous Family Receives Wheelchair Accessible House after Chief Applies for Access to Jordan's Principle," CBC News, December 12, 2017, https://www.cbc.ca/news/canada/manitoba/jordans-principle-could-have-prevented-wapekeka-first-nation-suicides-1.4134018

36. CBCラジオ番組「The House」でのシンディ・ブラックストックのコメント（二〇一七年一二月一日）。https://www.cbc.ca/listen/live-radio/1-64/clip/15015697

37. "Canada Fails to Grasp the 'Emergency' in First Nations Child Welfare: Canadian Human Rights Tribunal Finds Federal Government Non-Compliant with Relief Orders" (press release), First Nations Child and Family Caring Society of Canada, February 1, 2018, https://fncaringsociety.com/sites/default/files/Caring%20Society%20Press%20Release%202018%20CHRT%204.pdf

38. Soloducha, "Indigenous Family Receives Wheelchair Accessible House."

39. Canadian Human Rights Tribunal, 2018 CHRT 4, 95, https://fncaringsociety.com/sites/default/files/2018%20CHRT%204.pdf

40. Ibid., 96.

41. Andrew Kurjata, "How a Teddy Bear Received an Honorary Degree and Why His Work for Indigenous Children Still Isn't Done," CBC News, December 12, 2017, https://www.cbc.ca/news/canada/british-columbia/spirt-bear-jordans-principle-cindy-blackstock-1.4441093

42. CBCラジオ番組「The House」でのシンディ・ブラックストックのコメント（二〇一七年一二月一日）。

43. Murray Sinclair, speech to the judges of the Ontario Court of Justice, May 22, 2014.

44. Ibid., 7.

45. Ibid., 9.

46. Natan Obed, "The Challenge of Our Time" (lecture, Walrus Talks Arctic, Ottawa, September 2016), https://youtu.be/YN0mYzW7DdM

47. Michele LeTourneau, "Territorial addictions and trauma treatment in the works," Nunavut News, February 23, 2018, https://www.nunavutnews.com/nunavut-news/territorial-addictions-trauma-treatment-works/

48. Vicki Chartrand, "Broken System: Why Is a Quarter of

Canada's Prison Population Indigenous?," Conversation, February 18, 2018, https://theconversation.com/broken-system-why-is-a-quarter-of-canadas-prison-population-indigenous-91562

49. Jamil Malakieh, "Adult and Youth Correctional Statistics in Canada, 2016/2017," Statistics Canada (website), June 19, 2018, https://www150.statcan.gc.ca/n1/pub/85-002-x/2018001/article/54972-eng.htm

50. Martin Luther King Jr., quoted in Davis, Freedom Is a Constant Struggle, 127.

51. Ibid., 53.

52. Nelson Mandela, Long Walk to Freedom (New York: Little, Brown, 1994), 544. ネルソン・マンデラ、東江一紀訳『自由への長い道：ネルソン・マンデラ自伝（上）・（下）』(1996) NHK出版。

53. Barack Obama, Nelson Mandela Annual Lecture, Johannesburg, July 17, 2018, https://www.npr.org/2018/07/17/629862434/transcript-obamas-speech-at-the-2018-nelson-mandela-annual-lecture

54. Sinclair, speech to judges of Ontario Court of Justice.

55. Thomas King, The Truth About Stories (Toronto: House of Anansi Press, 2003), 29, 60, 89, 119, 151, 167.

56. Ojibwe (website), "Basic Ojibwe Words and Phrases," https://web.archive.org/web/20180713015042/http://www.ojibwe.org/home/pdf/Ojibwe_Beginner_Dictionary.pdf

訳者あとがき

1. アトキンソン財団、ホンデリッチ・ファミリー、トロント・スター紙によって一九八八年に創設。アトキンソン財団は、公共政策の提唱者、助成金提供者、投資家として、一九四二年以来、オンタリオ州を拠点に社会的・経済的正義を推進している。

2. 第一回：オンタリオ州サンダーベイ（十月一七日）、第二回：ノバスコシア州ハリファックス（十月二三日）、第三回：ブリティッシュ・コロンビア州バンクーバー（十月二四日）、第四回：サスカチュワン州サスカトゥーン（十月二六日）、第五回：オンタリオ州トロント（十月三十日）。ラジオ放送は十一月十二日から五夜連続。

3. https://www.cbc.ca/radio/ideas/the-2018-cbc-massey-lectures-all-our-relations-finding-the-path-forward-1.4763007

4. https://www.cbc.ca/news/canada/saskatoon/saskatchewan-residential-school-graves-1.6052698

5. https://nctr.ca/residential-schools/british-columbia/kamloops-st-louis/

6. インディアン法で規定されるスティタス・インディアンが対象。

7. アルゴマ大学による全施設一覧 https://www.crscid.com/database、また真実・和解委員会（和解契約に含まれる寄宿学校）による学校分布図 https://nctr.ca/records/view-your-records/archival-map/、カナディアン・ジオグラフィックによる「和解契約」に含まれない先住民学校・病院の分布図も参照。

8. https://www.aptnnews.ca/national-news/federal-day-schools-indigenous-students-deaths-canada/

9. https://nctr.ca/residential-schools/british-columbia/kamloops-st-louis/

10. ガーディアン紙がまとめた先住民寄宿学校のインタラクティブ・マップ。https://www.theguardian.com/world/ng-

interactive/2021/sep/06/canada-residential-schools-indigenous-children-cultural-genocide-map

11. https://nctr.ca/residential-schools/manitoba/brandon/

12. https://nctr.ca/residential-schools/saskatchewan/marieval-cowesess/

13. https://nctr.ca/residential-schools/british-columbia/cranbrook-st-eugenes/

14. https://nctr.ca/residential-schools/british-columbia/kuper-island/

15. https://www.cbc.ca/radio/unreserved/national-day-for-truth-and-reconciliation-is-1-step-on-a-long-journey-says-murray-sinclair-1.6184561

16. https://www.cbc.ca/newsinteractives/features/down-in-the-apple-orchard

17. https://globalnews.ca/news/8074453/indigenous-residential-schools-canada-graves-map/

18. https://www.cbc.ca/radio/quirks/oct-2-indigenous-archeology-and-unmarked-graves-footprints-of-first-peoples-and-more-1.6193792/indigenous-archeology-and-finding-the-children-who-never-came-home-1.6193800、Nilo Tabrizy, Ed Ou and Caroline Kim,October 20, 2021. New York Times. "Searching for the Unmarked Graves of Indigenous Children", https://www.nytimes.com/video/world/americas/100000007893602/indigenous-graves-children-canada.html

19. Roxanne Dunbar-Ortiz (2014) An Indigenous Peoples' History of the United States. Beacon Press.

20. https://www.jstss.org/ptsd/

21. 邦訳された著書に、ガボール・マテ、伊藤はるみ訳（2005）『身体が「ノー」と言うとき』日本教分社．ゴードン・ニューフェルド、ガボール・マテ著、小野善郎、関久美子訳（2014）『思春期の親子関係を取り戻す－子どもの心を引き寄せる「愛着脳」』福村出版．

22. http://vancouverplanning.ca/about/territorial-acknowledgment/

23. https://globalnews.ca/news/1416321/city-of-vancouver-formally-declares-city-is-on-unceded-aborginal-territory/

24. カナダで過去三〇年余りの間に多数の先住民女性が失踪したり殺害されたりした問題について、約三年半に及ぶ聞き取り調査の結果をまとめた最終報告書が二〇一九年に発表。カナダ先住民一六〇万人のうち一九八〇年～二〇一二年に失踪したり、殺害されたりした女性・少女は一二〇〇人近くに上るとされている。https://www.mmiwg-ffada.ca/

25. https://youtu.be/66cYcSak6nE（日本語字幕選択可）

26. Arthur Manuel and Grand Chief Ronald Derrickson. (2015) *Unsettling Canada: A National Wake Up Call*. Between the Lines.

27. Arthur Manuel and Grand Chief Ronald Derrickson. (2017) *The Reconciliation Manifesto: Recovering the Land, Rebuilding the Economy*. Lorimer.

28. http://unsettling150.ca/why-unsettle-canada150/

29. https://www.rcaanc-cirnac.gc.ca/eng/1380223988016/1544125243779

30. 当時、貿易会社ハドソン・ベイ・カンパニーの代理商を務めていたジェームズ・ダグラスは一八五一年に英領植民地の総督に任命され、複数の先住民族国家と条約を締結。条約に含まれる土地面積は九二七平方キロメートル、東京二三区に市部の東半分を加えて程度の広さ。

31. https://www2.gov.bc.ca/gov/content/environment/natural-resource-stewardship/consulting-with-first-nations/first-nations-negotiations/about-first-nations-treaty-process/history-of-treaties-in-bc

32. https://www.bctreaty.ca/negotiation-update

33. https://www.rcaanc-cirnac.gc.ca/eng/1100100028605/1551194878345

34. 二〇〇七年に採択された「先住民族の権利に関する国際連合宣言」https://www.un.org/esa/socdev/unpfii/documents/DRIPS_japanese.pdf。採択に反対票を投じたのは、オーストラリア、カナダ、ニュージランド及び米国の4カ国。カナダはその後、二〇一〇年に支持を表明、二〇二一年六月一七日、国連宣言を国内法が順守する法案が上院で可決した。https://www.justice.gc.ca/eng/declaration/index.html

35. 条約未締結の土地を伝統的な領土と自認する先住民族国家は、カナダ政府や州政府が「クラウン・ランド（国王領）」と呼ぶ国・州有地であっても譲渡されていない土地（unceded territory）と主張してきた。先住民族国家との和解の一環として、近年広がってきた「ランド・アクノリッジメント（誰の土地であるの承認）」を通じてこのような理解は広がりつつある。ただ、法的には未解決の領域であることには変わらない。

36. 六〇年代から近代的な先住民権利運動の創設に関わり、ファースト・ネイションズ会議の前身である組織のナショナル・チーフや世界先住民評議会の初代会長を務めたジョージ・マニュエル。その息子アーサー・マニュエルも権利運動を引き継いだ。シュウスワップ・ネイションのメンバー、カムループス寄宿学校のサバイバーであった。

37. https://theintercept.com/2021/06/16/intercepted-mass-grave-kamloops-residential-school/

38. Gitxsan Huwilp Government がギックサン民族の伝統的政府（https://gitxsan.ca/）。この他にインディアン法のもとの行政組織として Gitksan Government Commission（http://www.gitxsangc.com/）が存在する。

39. ウェットスウェテン・ネイションは独自の政治行政組織を持つ。伝統的世襲制チーフを中心としたガバナンスの仕組みを有する。The Office of the Wet'suwet'en（http://www.wetsuweten.com/）が土地・資源管理から福祉サービスまで担うが、インディアン法によるバンドではない。

40. Tŝilhqot'in National Government（https://www.tsilhqotin.ca/）がチルコーティン・ネイションの伝統的政府。インディアン法によるバンドではない。

41. 永井文也（2021）「カナダにおける先住民族の土地権原承認後の展開：和解に向けた先住民族法の尊重」カナダ研究年報 Vol.41,1-19.

42. https://youtu.be/J1yD2J8vHAk

43. http://www.tinyhousewarriors.com/

44. https://www.foejapan.org/aid/jbic02/lngcanada/pdf/factsheet_210507.pdf

45. https://www.yintahaccess.com/、パイプライン事業の問題を、先住民族の視点から描き出したドキュメンタリー『INVASION』（2019）https://youtu.be/D3R5Uy5O_Ds（日本語字幕選択化）

46. Kate Gunn and Bruce McIvor, The Wet'suwet'en, Aboriginal Title, and the Rule of Law: An Explainer. February 13, 2020.

https://www.firstpeopleslaw.com/public-education/blog/the-wetsuweten-aboriginal-title-and-the-rule-of-law-an-explainer

47. https://idlenomore.ca/

48. 二〇二一年十一月十九日には、ジャーナリスト二人を含む複数の逮捕者が出た。彼らが録画していた当時の様子は大手メディアでも取り上げざるを得ない状況になっている。https://thenarwhal.ca/tag/coastal-gaslink-pipeline/

49. https://www.cbc.ca/radio/unreserved/national-day-for-truth-and-reconciliation-is-1-step-on-a-long-journey-says-murray-sinclair-1.6184561

参考資料

本書に登場する先住民族及び関連団体（国別、五〇音順）

カナダ

三つの火協議会（The Three Fires Council）https://www.potawatomiheritage.com/encyclopedia/three-fires-council/

アッタワピスカット・ファースト・ネイション（Attawapiskat First Nation）http://www.attawapiskat.org/

イヌイット・タピリイト・カナタミ（Inuit Tapiriit Kanatami）https://www.itk.ca/

ウィナスク・ファースト・ネイション（Weenusk First Nation）http://firstnation.ca/weenusk-peawanuck

ウェガモウ・ファースト・ネイション（Weagamow First Nation）http://weagamow.firstnation.ca/

ウンヌミン・レイク・ファースト・ネイション（Wunnumin Lake First Nation）http://www.wunnumin.ca/

エンブレイス・ライフ・カウンシル（Embrace Life Council）https://inuusiq.com/

カリエー・セカーニ家族支援センター（Carrier Sekani Family Services）https://www.csfs.org/

キキクタニ・イヌイット協会（Qikiqtani Inuit Association）https://www.qia.ca/

キッチンマイコシブ・イヌウワグ・ファースト・ネイション（Kitchenuhmaykoosib Inninuwug First Nation, KI）http://www.bigtroutlake.firstnation.ca/

キングフィッシャー・レイク・ファースト・ネイション（Kingfisher Lake First Nation）http://www.kingfisherlake.ca/

グワエヌック・ネイション（Gwawaenuk Nation）https://mdtc.ca/gwawaenuk

サイキーン・ファースト・ネイション（Sagkeeng First Nation）http://www.sagkeeng.ca/

サドベリー大学・先住民族研究学科（Department of Indigenous Studies, University of Sudbury）：2021年2月に連携大学であったローレンティアン大学の経営破綻の影響を受け、サドベリー大学での先住民族研究・教育プログラムが中止となった。現在、ローレンティアン大学、またシジーン・ファースト・ネイション（M'Chigeeng First Nation）が設立したアニシナベ民族のための高等教育機関ケンジウィン・テグがサドベリーのプログラムを引き継ぐことが合意され、オンタリオ州北部コミュニティの高等教育を維持・発展させることが期待されている。

- ローレンティアン大学（Laurentian University）https://laurentian.ca/
- ケンジウィン・テグ（Kenjgewin Teg）https://www.kenjgewinteg.ca/

サンディ・レイク・ファースト・ネイション（Sandy Lake First Nation）http://sandylake.firstnation.ca/
シーバード・アイランド（Seabird Island）https://www.seabirdisland.ca/
シュワナガ・ファースト・ネイション（Shawanaga First Nation）https://shawanagafirstnation.ca/
ショール湖40ファースト・ネイション（Shoal Lake 40 First Nation）https://www.sl40.ca/
ストーロ・ネイション（Stó:lō Nation）https://www.stolonation.bc.ca/
スー・ルックアウト・メノ・ヤ・ウィン・ヘルスセンター（Sioux Lookout Meno Ya Win Health Centre）https://slmhc.on.ca/
先住民族の子ども・家族支援協会（First Nations Family and Caring Society）https://fncaringsociety.com/welcome
ティーシャン・ファースト・ネイション（Tzeachten First Nation）https://www.tzeachten.ca/
ニシナベ・アスキー・ネイション（Nishnawbe Aski Nation）https://www.nan.ca/
ニビナミク・ファースト・ネイション（Nibinamik First Nation）http://www.nibinamik.ca/
ネスカンタガ・ファースト・ネイション（Neskantanga First Nation）http://neskantaga.com/
ノース・スピリット・レイク・ファースト・ネイション（North Spirit Lake First Nation）http://nsl.firstnation.ca/
ファースト・ネイションズ本会議（Assembly of First Nations）https://www.afn.ca/
フォート・アルバニー・ファースト・ネイション（Fort Albany First Nation）https://www.fortalbany.ca/
ポプラー・ヒル・ファースト・ネイション（Poplar Hill First Nation）http://poplarhill.firstnation.ca/
マーティン・フォールズ・ファースト・ネイション（Marten Falls First Nation）http://www.martenfalls.ca/
ミササガ・ニュー・クレディット・ファースト・ネイション（Mississaugas of the New Credit First Nation）http://mncfn.ca/
ミシュケゴーガマン・ファースト・ネイション（Mishkeegogamang First Nation）https://www.mishkeegogamang.ca/
ムシュケゴワック協議会（Mushkegowuk Council）http://www.mushkegowuk.com/
ムース・クリー・ファースト・ネイション（Moose Cree First Nation）https://www.moosecree.com/
ワバセムーン・ファースト・ネイション（Wabaseemoong First Nation）https://wabaseemoong.ca/
ワバノ・センター（Wabano Centre for Aboriginal Health）https://wabano.com/

ワペケカ・ファースト・ネイション（Wapekeka First Nation）http://www.wapekeka.ca/
We Matter（カナダ）https://wemattercampaign.org/

ノルウェー

サーミ・ノルウェー国家諮問委員会（the Sami Norwegian National Advisory Board on Mental Health and Substance Abuse, SANKS）https://finnmarkssykehuset.no/fag-og-forskning/sanks

米国

オグララ・スー・パイン・リッジ（the Oglala Sioux Pine Ridge）

- ドキュメンタリー：The Oglala Sioux of Pine Ridge Reservation, by True Sioux Hope Foundation. https://youtu.be/AYfpm4yG1sY

スタンディング・ロック・スー族（Standing Rock Sioux Tribe）https://standingrock.org/
全米有色人種地位向上協会（NAACP's Legal Defense and Education Fund）https://www.naacpldf.org/
チュラリップ部族裁判所，米国ワシントン州（the Tulalip Tribal Court）https://www.tulaliptribes-nsn.gov/Dept/TribalCourt
ネイティブ・アメリカン権利基金（Native American Rights Fund）https://www.narf.org/
ネズ・ペルス・ネイション（Nez Percé Nation）https://nezperce.org/
It Gets Better Project（米国）https://itgetsbetter.org/

ブラジル

グァラニ族（Guarani people）

- https://www.survivalinternational.org/tribes/guarani

ゲラニ・カイオワ（Guarani-Kaiowá）

- https://www.survivalinternational.org/tribes/guarani

国立先住民保護財団（The Fundação Nacional do Índio）https://www.gov.br/funai/pt-br
シンタ・ラーガ族（Cintas Largas）

- https://pib.socioambiental.org/en/Povo:Cinta_larga

オーストラリア

国立メンタルヘルス委員会 https://www.mentalhealthcommission.gov.au/

国際機関

サバイバル・インターナショナル（Survival International）https://www.survivalinternational.org/

世界保健機構・健康決定要因アセスメント https://www.who.int/health-topics/health-impact-assessment

ファレラーター・グループ（Wharerātā Group）https://thunderbirdpf.org/about-tpf/wharerata/

本書に関連する先住民寄宿学校

アルゴマ大学のスティーヴス博士らの研究グループの調査リスト https://www.crscid.com/

Canadian Geographic, The Royal Canadian Geographical Society が作成した連邦政府のインディアン寄宿学校協定で認められていない学校（州やその他の組織による運営）リスト地図。https://pathstoreconciliation.canadiangeographic.ca/#mainmap

スターランド・レイク高校（Stirland Lake, also known as Wahbon Bay Academy）https://nctr.ca/residential-schools/ontario/stirland-lake-high-school-wahbon-bay-academy/

セント・アン先住民寄宿学校（St. Anne's Indian Residential School）

- 真実和解委員会の記録 https://nctr.ca/residential-schools/ontario/st-annes-fort-albany/
- Shingwauk Residential Schools Centre, Algoma University コレクション http://archives.algomau.ca/main/sites/default/files/StAnne.pdf
- ドキュメンタリー Reckoning at St.Anne's ¦ APTN Investigates https://youtu.be/ryXTTxhAik0

米国のインディアン・ボーディング・スクールの一覧 https://boardingschoolhealing.org/list/

米国カーライル・インディアン工業学校（Carlisle Indian Industrial School）

- 米国国立公園サービス：https://www.nps.gov/articles/the-carlisle-indian-industrial-school-assimilation-with-education-after-the-indian-wars-teaching-with-historic-places.htm
- ディクソン大学カーライル・インディアン・スクール・デジタルアーカイブ：https://carlisleindian.dickinson.edu/

本書に関連するインディアン病院

ダイナーバー・インディアン病院，マニトバ州（Dynevor Indian Hospital）

- マニトバ大学 Indigenous Histories of Tuberculosis in Manitoba, 1930-1970（病院での体験を記録に残すプロジェクト）https://indigenoustbhistories.wordpress.com/

チャールズ・カムセル・インディアン病院，アルバータ州（Charles Camsell Indian

Hospital）

- 歴史家・作家 Danielle Metcalfe-Chenail のブログサイト https://ghostsofcamsell.ca/
- ウィニペグ大学 Manitoba Indigenous Tuberculosis History Project（病院で亡くなった個人を写真から特定するコミュニティプロジェクト）https://www.facebook.com/TBPhotoProject/

フォート・クー・アッペル・インディアン病院，サスカチュワン州（Fort Qu'Appelle Indian Hospital）

- アーカイブ https://storymaps.arcgis.com/stories/29dc54ce253e428f9293bb2937d90a21
- 現在は File Hills Qu'Appelle Tribal Council と Touchwood Agency Tribal Council が所有・運営する All Nations' Healing Hospital となる。https://allnationshealinghospital.ca/

ミラー・ベイ病院，ブリティッシュ・コロンビア州（Miller Bay Hospital）

- Carol Harrison (2016) Miller Bay Indian Hospital: Life and Work in a TB Sanatorium. First Choice Books.
- 北ブリティッシュ・コロンビア大学による資料 https://www2.unbc.ca/sites/default/files/events/41987/public-presentation-carol-harrison-miller-bay-indian-hospital/2017-02-22-carolharrison.pdf

本書に関係するパイプライン建設事業（日本語で読める資料）

キーストーン・XL パイプライン（米国・カナダ）https://www.cnn.co.jp/business/35172111.html

ダコタ・アクセス・パイプライン（米国）https://www.huffingtonpost.jp/entry/dakota-access-pipeline-halt-operation_jp_5f0549adc5b63a72c33a816b

キンダー・モルガン・トランス・マウンテン・パイプライン（カナダ）https://torja.ca/trans-mountain-pipeline/

コースタル・ガスリンク・パイプライン（カナダ）https://www.foejapan.org/aid/jbic02/lngcanada/210528.html

参考文献・ビデオ映像

Indigenous Peoples Atlas of Canada (website) https://indigenouspeoplesatlasofcanada.ca/

Downie, Gord and Jeff Lemire (Illustrator) (2016) *Secret Path*. Simon & Schuster. https://secretpath.ca/

Dumont, Jim. Addresses the Indigenous Peoples' Assembly at The 2018 Parliament of the World's Religions, Toronto. (YouTube video) https://youtu.be/YRs5_sYAi-k

Dunbar-Ortiz, Roxanne. (2014) *An Indigenous Peoples' History of the United States*. Beacon Press.

—— (2021) *Not a Nation of Immigrants: Settler Colonialism, White Supremacy, and a History of Erasure and Exclusion*. Beacon Press.

Fontaine, Phil, and Aimée Craft, The Truth and Reconciliation Commission of Canada. (2015) *A Knock on the Door: The Essential History of Residential Schools from the Truth and Reconciliation Commission of Canada*. University of Manitoba Press.

Duran, Eduardo. (2019) *Healing the Soul Wound: Trauma-Informed Counseling for Indigenous Communities*. Teachers College Press.

Good, Michelle (2020) *Five Little Indians: A Novel*. Harper Perennial.

Joseph, Bob. (2018) *21 Things You May Not Know About the Indian Act: Helping Canadians Make Reconciliation with Indigenous Peoples a Reality*. Indigenous Relations Press.

—— (2019) *Indigenous Relations*. Indigenous Relations Press.

King, Thomas. (2003) *The Truth About Stories: A Native Narrative*. House of Anansi Press.

Lindstrom, Carole and Michaela Goade (Illustrator) (2020) *We Are Water Protectors*. Roaring Brook Press.（児童向け絵本）

Linklater, Renee. (2014) *Decolonizing Trauma Work: Indigenous Stories and Strategies*. Fernwood Publishing.

Long, John S. (2010) *Treaty No.9: Making the Agreement to Share the Land in Far Northern Ontario in 1905*. McGill-Queen's University Press.

Lux, Maureen K. (2016) *Separate Beds: A History of Indian Hospitals in Canada, 1920s-1980s*. University of Toronto Press.

Manuel, Arthur and Grand Chief Derrickson, Ronald M. (2015) *Unsettling Canada: A National Wake-Up Call*. Between the Lines.

—— (2017) *The Reconciliation Manifesto: Recovering the Land, Rebuilding the Econom*y. Lorimer.

Maté, Gabor. (2012) The Power of Addiction and The Addiction of Power, at TEDxRio+20 (YouTube video) https://youtu.be/66cYcSak6nE（日本語字幕あり）

—— (2021) ドキュメンタリー「The Wisdom of Trauma（トラウマの叡智）」(2021) https://thewisdomoftrauma.com/

McFarlane, Peter & Nicole Schabus (eds) (2017) *Whose Land Is It Anyway? A Manual for Decolonization.* The Federation of Post-Secondary Educators of BC.

- [E-book] https://fpse.ca/decolonization_manual_whose_land_is_it_anyway
- [Audiobook] https://www.podomatic.com/podcasts/fpse

Milloy, John S. (2017) *A National Crime: The Canadian Government and the Residential School System. 2nd edition*. University of Manitoba Press.

Milroy, Helen (2019) *Wombat, Mudlark and Other Stories*. Fremantle Press.（児童向け絵本）

―― (2020) *Backyard Birds*. Fremantle Press.（児童向け絵本）
―― (2021) *Backyard Bugs*. Fremantle Press.（児童向け絵本）
Palmater, Pamela D. (2020) *Warrior Life: Indigenous Resistance and Resurgence*. Fernwood Publishing.
Wilson-Raybould, Jody. (2021) *"Indian" in the Cabinet: Speaking Truth to Power*. HarperCollins Publishers.
阿部珠理（2016）『メイキング・オブ・アメリカ：格差社会アメリカの成り立ち』彩流社.
荒木和華子・福本圭介編著（2021）『人種・ジェンダー・ポストコロニアリズムから解く世界』明石書店.
石山徳子（2020）『「犠牲区域」のアメリカ：核開発と先住民族』岩波新書.
エドゥアルド・ガレアーノ著，大久保光夫訳（1997）『収奪された大地―ラテンアメリカ 500 年』藤原書店.
鎌田遵（2009）『ネイティブ・アメリカン：先住民社会の現在』岩波書店.
タニヤ・タラガ著，村上佳代訳（2021）『命を落とした七つの羽根：カナダ先住民とレイシズム、死、そして「真実」』青土社.
チェスター・ブラウン著，細川道久訳（2021）『ルイ・リエル：カナダ白人社会に挑んだ先住民の物語』彩流社.
永井文也（2021）「カナダにおける先住民族の土地権原承認後の展開：和解に向けた先住民族法の尊重」カナダ研究年報 Vol.41,1-19.
フランツ・ファノン著，鈴木道彦・浦野衣子訳（1996）『地に呪われたる者』みすず書房.
本田 雅和、風砂子・デアンジェリス（2000）『環境レイシズム：アメリカ「がん回廊」を行く』解放出版社.
宮地尚子（2005）『トラウマの医療人類学』みすず書房.
――（2018）『環状島＝トラウマの地政学』みすず書房.
北海道大学アイヌ・先住民研究センター (2021)「アイヌ・先住民研究」Vol.1. で先住民研究におけるトラウマ論の特集「歴史的トラウマから展望するアイヌ・先住民研究」が組まれている。https://eprints.lib.hokudai.ac.jp/journals/index.php?jname=456&vname=6613

著者：

タニヤ・タラガ（Tanya Talaga）

カナダのオンタリオ州、フォート・ウィリアム・ファースト・ネイションにルーツを持つオジブウェ族のジャーナリスト、作家。報道記者として二〇年以上の経歴を持つ。公益に資するジャーナリストに贈られる Michener 賞に五回推薦。一作目 Seven Fallen Feathers (House of Anansi Press, 2017) – 邦訳『命を落とした七つの羽根：カナダ先住民とレイシズム、死、そして「真実」（青土社, 2021）は発表後ベストセラーとなり、二〇一八年ＲＢＣテイラー賞など各賞を受賞。二〇一七 - 二〇一八年に、功績あるジャーナリストに与えられるアトキンソン・フェロー（公共政策）に選ばれ、その研究成果を本書 All Our Relations: Finding The Path Forward (House of Anansi Press, 2018) として発表。現在は、先住民族の物語に焦点を当てたプロダクション会社 Makwa Creative の社長兼 CEO を務める。『命を落とした七つの羽根』の続編となるドキュメンタリー映画 Mashkawi-Manidoo Bimaadiziwin Spirit to Soar (2021)、先住民女性の声を取り上げるポッドキャスト Auntie Up! (2021) など、様々なメディアを通じて作品を発表。Harper Collins Canada と三冊のノンフィクション作品を契約し、三部作の第一作目（先住民寄宿学校がテーマ）が二〇二三年に刊行予定。現在は、十代の子ども二人とトロントに暮らす。

訳者：

村上佳代（むらかみ・かよ）

英国ニューカッスル大学建築・都市計画・ランドスケープ学部にて PhD 取得。現在は、カナダ・オンタリオ州ウォーフアイランドにて農村医療・環境学習、島のコミュニティ・公立学校と共同で Indigenous Land-Based 教育モデルの実践に取り組む。訳書にタニヤ・タラガ著『命を落とした七つの羽根：カナダ先住民とレイシズム、死、そして「真実」』ほか。

私たちの進む道
植民地主義の陰と先住民族の
トラウマを乗り越えるために

2022 年 2 月 10 日　第一刷印刷
2022 年 2 月 25 日　第一刷発行

著　者　タニヤ・タラガ
訳　者　村上佳代

発行者　清水一人
発行所　青土社

〒101-0051　東京都千代田区神田神保町 1-29　市瀬ビル
［電話］03-3291-9831（編集）　03-3294-7829（営業）
［振替］00190-7-192955

印刷・製本　ディグ
装丁　大倉真一郎
カバー画像　Gizaanaang by Ray Fox

ISBN978-4-7917-7447-0　Printed in Japan